小博物馆里的大中国

西南西北卷

郭智东◎著

华语教学出版社

图书在版编目（CIP）数据

小博物馆里的大中国 . 西南西北卷 / 郭智东著 . — 北京：华语教学出版社，2024.3

ISBN 978-7-5138-2492-7

Ⅰ. ①小…　Ⅱ. ①郭…　Ⅲ. ①历史文物—介绍—中国　Ⅳ. ① K87

中国国家版本馆 CIP 数据核字（2023）第 234034 号

小博物馆里的大中国 · 西南西北卷

出 版 人　王君校
作　　者　郭智东
责任编辑　田玉晶
封面设计　刘红刚
绘　　图　大　武
排版制作　北京大有艺彩图文设计有限公司
出　　版　华语教学出版社
社　　址　北京西城区百万庄大街 24 号
邮政编码　100037
电　　话　（010）68995871
传　　真　（010）68326333
网　　址　www.sinolingua.com.cn
电子信箱　fxb@sinolingua.com.cn
印　　刷　河北鑫玉鸿程印刷有限公司
经　　销　全国新华书店
开　　本　16 开（920 × 650）
字　　数　175（千）　15 印张
版　　次　2024 年 3 月第 1 版第 1 次印刷
标准书号　ISBN 978-7-5138-2492-7
定　　价　49.80 元

目录

重庆中国三峡博物馆

1 身世成谜：藏在深山里的石刻瑰宝
——乌杨石阙

乌杨，是位于长江边上的一个普通小镇，隶属于重庆市忠县的管辖范围。乌杨镇的将军村，据说是蜀国名将严颜的故里。村边有一个名叫“花灯坟”的小山梁，我们的故事就发生在这里。

1998 年 8 月的一天下午，煤炭搬运工王洪祥来到这里采药。因父亲得了癌症，王洪祥便自学起了草药知识，四处采药为父亲治病。父亲去世后他就潜心钻研起草药来。这天，他来到这处人迹罕至的地方，想碰碰运气，看能不能找到自己需要的草药。

这里因为雨水冲刷，土质已经变得很疏松。当他采下草药时，意外间发现草药带起的泥土下有一块大石头。这块石头可不一般，它有着清晰的棱角，明显有被人工雕琢过的痕迹。这荒山野岭的，长年不见一个人，怎么会有这种被加工过的石头？带着心里的疑问，他开始用双手和镰刀挖开石头周围的泥土，挖了好一阵子也没能将这块大石头从土里挖出来，但在挖出的那部分石头上，已经能看到有一些精美的图案。

王洪祥意识到，他可能在无意间发现了文物，于是连忙给县文管所打了电话。也是不巧，县文管所的工作人员都下乡去了，情况没能得以及时上报。王洪祥担心这件石刻文物遭到破坏，想先搬回家保护起来，无奈石头太重，只好将挖出的泥土回填。

后来，县文管所副所长曾先龙终于接到王洪祥的报告。王洪祥说他发现了大禹治水的遗物，曾先龙听后虽然觉得有些荒唐，但仍决定到现场看看，了解一下实际情况。正是这一次现场调查，引出了三峡库区的一次重大的考古发现。

曾先龙来到王洪祥所说的那个地方，很快找到了那块大石头。眼前的这块巨石，让曾先龙忍不住惊呼了一声。随后，一个长近两米的长方形石块展露在他的眼前。曾先龙十分确定，这些大石块，正是汉代石阙的散段。

曾先龙激动地致电重庆市文物考古所所长邹后曦，告诉他这一重大发现。邹后曦闻讯后想即刻就赶到现场，无奈天色已晚，车船不通，只好按捺住激动的心情熬了一夜。第二天一早，邹后曦就直奔忠县，来到了乌杨。

两位专家确认无误后，重庆市相关部门决定对石阙构件进行抢救性发掘。2001 年 6 月下旬，对乌杨石阙的发掘工作正式启动。

考古工作人员在发掘过程中发现，这次发掘的全部是石阙零散的构件。这些石阙的构件不仅零落在土里，有的还散落在河边。考古人员经过耐心而细致的发掘与搜寻，终于将石阙的全部构件收集完毕。

工作人员将这些石阙构件整体运回后，交给了文物修复师。为了恢复它原本的风貌，展现它的历史风韵，文物修复师制订了科学的修复方案。经过漫长的等待，2004 年 7 月 20 日，乌杨石阙的阙顶终于完成吊装。被历史的尘沙掩埋了千年的乌杨石阙终于同世人见面了。

经专家鉴定，乌杨石阙的年代在东汉至魏这段时期，是以砂岩雕琢而成的石刻建筑。修复后的石阙从形制上看，为一高一低的“子母阙”，分左右成对出现。母阙高 5.4 米，子阙高 2.6 米，总重超过 10 吨。阙顶为重檐庑殿顶，整体由台基、阙身、楼部和顶盖四部分构成。

整座石阙比例得体，构造简洁，造型挺拔，彰显出一派古朴而庄严的气韵。石阙的雕刻装饰极具时代风格特色，雕刻内容有仿木构建筑雕刻、生活画面以及灵禽异兽图案这三类。仿木构建筑刻有脊、檐、瓦楞、瓦当、枋柱、枋头、金瓜等，生活画面的图案有狩猎图、习武图、雄鹰叼羊图、蛇衔老鼠图等，灵禽异兽图案有铺首、角神、朱雀和长达两米的巨幅青龙、白虎雕刻等。这些图案充分展现了汉代雕刻艺术的独特神韵和巧夺天工的雕刻工艺。

北宋著名文学家苏轼曾在《水调歌头·明月几时有》的开篇即提到“明月几时有？把酒问青天。不知天上宫阙，今夕是何年”，宫阙是指古时帝王所居住的宫殿，因宫门外有双阙，故称为“宫阙”。那“阙”又是什么呢？

阙原本是古人修建在院墙两侧用来御敌的一种建筑，因为它成对出现，分列左右，且在中间形成了一个缺口而得名“缺”，雅称为“阙”。早在西周时，就已有这种建筑出现，春秋战国之后，它的瞭望防御功能逐渐弱化，转变为一种代表主人身份地位的礼仪性建筑，常于宫殿的正门建阙。

到了汉代，阙发展到鼎盛时期。宫殿、陵墓、第宅、祠等均可建阙，但国家对阙的使用，也做了明确的规定，如三出阙应为皇帝专用，二出阙为二千石以上俸禄的官员使用，单出阙则对应普通官员，而乌杨石阙的主人应属二千石俸禄以上的官员。汉阙是我国现存于地面之上时代最早、保存最完整的古式建筑，距今已有约 2000 年历史，被称为“石质汉书”。迄今发现的汉阙有 30 余处，而这次在乌杨镇发现的汉代石阙，是目前已发现汉阙中保存最为完整精美的一座。

这样一座气势恢宏的汉代石阙，它的主人是谁呢？专家们寻遍整座石阙，也没能在上面找到半个文字来佐证它的主人的身份。于是，专家们只好从它的出土地寻找线索。

经过一番发掘清理，考古人员发现花灯坟墓群的古墓均已被盗墓分子盗扰破坏，已经没有可以求证的相关价值。这座石阙的主人身份，成了一个悬置的谜题，不能不说是一个遗憾。乌杨镇是东汉后期益州牧刘璋帐下武将严颜的故里。据《三国演义》所述，这位将军曾与张飞交手，被设计俘虏，仍秉持气节，宁死不屈，后来被张飞的义气感动，才归顺刘备。严颜死后，刘备将他封为“壮烈将军”，归葬故里。因此，这一带有诸多地名均以“将军”二字命名，如将军溪、将军村等。有专家据此提出了假设，这座气派恢宏的汉代石阙的主人，可能正是壮烈将军严颜。这一观点在逻辑上说得通，但仍缺少实际的证据来加以证明。

乌杨石阙的主人之谜虽然悬而未决，但其仍不失为一座珍贵的汉代石刻建筑，为我国的文化遗产宝库增添了一份别样的璀璨光华。

小贴士

乌杨石阙是中国最早的仿木结构石质装饰建筑，其风格古朴威严，装饰精美，展现了汉代雕刻艺术的神韵，是现存汉代石阙中保存最完整的一座，极为珍稀，已被评为重庆中国三峡博物馆的镇馆之宝，对研究古建筑艺术和古代葬制有着十分重要的价值。

参考文献：

① 尤文曜．古代建筑艺术的“活化石”：乌杨石阙 [N]．重庆科技报，2020-09-01(13).
② 蒙和平．忠县乌杨阙发现始末 [J]．中国三峡建设，2007(3).
③ 邹后曦．守墓的阙：乌杨汉阙与花灯坟 [J]．文物天地，2003(6).
④ 刘灏．汉阙的建筑艺术特点及精神性功能 [J]．文物世界，2011(2).
⑤ 王小红．论巴蜀汉阙所映射的地域文化与气质 [J]．成都大学学报：社会科学版，2020(1).

四川博物院

2 望帝谜云：古蜀的写实与浪漫
——象首耳卷体夔纹铜罍

1980 年 2 月的一天，四川省彭县（今彭州市）竹瓦公社青龙大队四组的一个农民来到竹瓦街附近，他要在这里挖一些土烧砖，不知不觉已经在地面挖了一个直径两三米的大土坑。当他还准备再挖一些土时，意外间挖到了一口大陶缸，拨开上面的浮土，十几件青铜器赫然出现在眼前。这个发现立刻在当地引起了不小的轰动。人们奔走相告，说竹瓦街这里又挖出珍宝了。

原来，早在 1959 年冬，成灌铁路修筑至今彭州竹瓦街一带时，施工的工人们就发现了一个大陶缸，里面装有 21 件青铜器，其中有青铜容器 8 件，兵器 13 件。遗憾的是，当时出土的那批青铜器上面并没有发现铭文，这让考古人员为确定这批青铜器的主人身份犯了难，虽然不少专家学者为此做了比较深入的研究，但收效甚微。青铜器的主人是谁，成了当时考古界的一件悬案。

这次发现的陶缸和上次发现的陶缸外观一样，而且仅相隔了约 25 米。考古工作者很快赶到现场，对出土的文物做了清理和记录。这次发现了青铜容器 4 件，兵器 15 件。前后两次一共出土了 40 件青铜器，均造型精美，制作精致，装饰繁缛。第二次发现的这批青铜器中，有一件青铜罍（léi）无论是造型还是纹饰，都极为精美，充分展现了当年铸铜工匠的设计巧思，堪称青铜器中罕见的精品。

这件青铜罍通高 74 厘米，口径 22.4 厘米，因为这件器物在肩部四周的位置铸有非常突出醒目的象首形饰，所以文物专家们为它命名为“象首耳卷体夔（kuí）纹铜罍”。青铜罍的盖子是头盔形，4 条鸟形扉棱分列一周。铜罍肩部装饰着立体的长鼻象双耳，双耳间各铸有一个立体的卷鼻象首。

4 条宽大的扉棱自颈部贯穿至圈足，如分隔线般将器身分为 4 个等分区域，每个区域装饰着相同的纹饰，每组纹饰纵向分为 3 段。肩部中间为蟠龙纹，两侧辅以夔纹装饰。腹部为卷耳大眼的夔龙纹。圈足上方则饰有跪卧的牛纹和扉棱上的人面纹。器物通体以云雷纹为底纹，在上面布局繁缛瑰丽的半浮雕状纹饰，增加了层次感，使视觉效果丰富而富于变化。

以象首耳卷体夔纹铜罍为代表的这批青铜器，让专家们对探索其主人身份又燃起了新的希望，这桩已经在考古界悬置了 20 年的谜案也许就因为这次发现而被破解。

考古专家们通过对两处窖藏出土的青铜器仔细观察，推测也许是因为战乱或其他原因，这批器物的主人忍痛将它们埋于地下，希望灾难过后重返家园，再与它们重逢。没想到，这一埋就是 2000 多年。此外，专家们还根据象首耳卷体夔纹铜罍的纹饰做出了一些推论。器身上的象、牛、人等写实的纹饰，具有浓郁的巴蜀文化特色，这部分纹饰描绘了 2000 多年前的一个隆重而盛大的祭祀场面。而夔龙纹、蟠龙纹等神秘的纹饰则带有鲜明的中原青铜文化的烙印，这说明铜罍的装饰明显融合了中原的青铜铸造工艺。

“国之大事，在祀与戎。”祭祀对于一个国家来说，是关乎国运的大事。祭祀用的礼器自然不能轻易移动，所谓“重器不出门”。如果对家族有重大意义的器物不能保住，通常意味着一个家族的消亡。这件有着中原风格的祭祀礼器，显然不可能千里迢迢地从中原迁至巴蜀。这就说明这件铜罍应为本地铸造。再根据它的纹饰分期判断，这批青铜器应该是诞生于商末周初的古蜀国，埋藏时间推测是在西周末年。

据专家推测，作为祭祀礼器，这件铜罍很有可能是一件世代相传的传世品，而它的主人，则是一位极具传奇色彩的古蜀王——杜宇。

关于杜宇，有这么一则传说。

相传很久以前，在蜀地居住的人们世代以上山打猎、下水捕鱼为生。后来突发天灾，食物急剧减少，人们的生活越来越艰难。有一天，一个自称杜宇的男子来到蜀地的一个地方。他对人们说自己有办法应对天灾，就将开荒耕种的本领教给了当地的人们。人们收获了粮食，日子过得越来越好，人们对杜宇十分感激，于是纷纷推举他为蜀王。杜宇便自称“望帝”，带着蜀人日夜辛勤劳作，终于将遍野荒芜变成了肥沃的良田，人们过上了衣食无忧的安定生活。

然而，好景不长，富饶的蜀地引来了恶龙。恶龙时常兴风作浪，搅得百姓不得安生，江水泛滥，淹没了村庄。杜宇心里焦急万分，却又无能为力。有一天，一个名叫“鳖灵”的人来拜见他。交谈之后，杜宇觉得鳖灵学识渊博，又有治理水患的本领，就任他为相，让他去治水。鳖灵果然不负重托，经过数年奋战，终于击败了恶龙，平息了水患，让蜀地回归了安宁。杜宇感念他的功劳，爱惜他的才华，就将蜀王之位让给了他，自己则去西山隐居。

鳖灵成为蜀王后，自称“丛帝”。他继续带领蜀人兴修水利，开荒种地，蜀人的生活越来越好。可好景不长，鳖灵开始变得居功自傲，对子民的关怀也大不如前。杜宇得知后，决定走出西山，来王宫规劝鳖灵。很多蜀人得知他们曾经拥戴的望帝要进宫，也都纷纷跟在他的身后。

当浩浩荡荡的一大群人即将到达王宫时，鳖灵担心望帝来收回自己的王位，就下令紧闭宫门。杜宇进不了王宫，只好返回。回去后，杜宇左思右想，终于想到了进入王宫的办法。他把自己变成了一只杜鹃鸟，飞进了王宫，终于见到了鳖灵。他栖落在王宫的树上，对着鳖灵大声啼叫：“民贵呀！民贵呀！”鳖灵听后，幡然醒悟，从此改正了自己的错误，又成了关怀子民的好蜀王。

这则“杜宇化鹃”的传说流传甚广，且有诸多不同的版本。这些颇为离奇的故事，虽然为杜宇这位古蜀王增添了许多传奇色彩，却让他显得没那么真实。实际上，杜宇曾参与过武王伐纣的战争。他所率领的古蜀军队是这场战争中最有战斗力的军队之一。他统治蜀地时期，曾积极地开疆拓土，并与中原的周朝保持了友好的外交关系，双方甚至还有着频繁的文化艺术交流。这一点，从出土的这两批青铜器上中原风格的纹饰可以得到充分的印证。

唐朝诗人李商隐曾在他的《锦瑟》一诗中，写下过“望帝春心托杜鹃”这样的诗句。考证起来，这或许是关于望帝杜宇的另一个故事。

小贴士

这件西周象首耳卷体夔纹铜罍造型瑰丽，纹饰华美，属于国家一级文物，是四川博物院的镇馆之宝。它反映了西周时期古蜀国青铜铸造技术的高超水平，为考古学家和史学家研究当时人们的政治、生活、祭祀等活动提供了宝贵的实物依据。

参考文献：

① 张鸶鸶．巴蜀青铜重器“象首耳卷体夔纹铜罍”[J]．福建茶叶，2020(4).
② 李媛，张琴．镇馆之宝 四川博物院珍品选粹 [J]．艺术品，2015(4).
③ 赵殿增．竹瓦街铜器群与杜宇氏蜀国 [J]．四川文物，2003(2).
④ 张启成．古蜀杜宇神话传说新探 [J]．贵州社会科学，1990(6).
⑤ 颜同林．杜宇化鹃神话与巴蜀文学 [J]．郭沫若学刊，2013(2).

3 2000年前的镇水神兽——石犀牛

公元761年，也就是唐朝上元二年秋，四川成都附近发生了一场严重的水灾。诗圣杜甫以此为背景，吟咏古迹，号召以人力治水患，写下了名篇《石犀行》。杜甫还巧妙地将水患与当时的乱政相关联，借诗文抒发了心中的忧愤。

诗文开篇的那句"君不见秦时蜀太守，刻石立作五犀牛"，指的正是战国时期李冰受秦昭王之命担任蜀郡太守时，为了防治水患而用巨石雕刻的5头石犀。

石犀并非仅存在于杜甫的诗文中。如今，当我们参观成都博物馆时，仍能一睹这尊2000多年前的石像的风采。

20世纪70年代，成都城市建设的步伐开始加快，工程建设开展得如火如荼。1973年，成都市计划在皇城坝东侧，也就是今天的天府广场东北向一带修建一座电信大楼。施工队在这里进行了勘测后开始地基作业，打桩机的轰鸣声在工地上热闹地响了起来。

然而，正当工人们以为工程开展得很顺利的时候，出现了一个突发状况。这台打桩机在一块坚硬的地面上遇到了麻烦——无论怎么打也打不下去。工人们停下机器，围拢过来查看情况。当挖去表层的泥土后，工人们发现下面竟然有一块大石板，石板上还雕刻着一些花纹。众人费力地将这块石板抬起后，有了更加惊人的发现——石板下面还有一块更巨大的石块，仔细观察后发现这不是普通的石块，上面也雕刻着一些花纹，但现场没人认得是什么。

工地负责人见这块巨石不一般，意识到很可能是挖到了文物，便立即将这个情况向当地文物部门做了汇报。考古人员接报后很快就赶到了现场，向现场的工人了解具体情况，并在挖出巨石的那个约 4 米深的大坑边上对巨石做了仔细的观察：能看到的部位像是某种动物的四肢，它的大部分仍埋在土里，无法看清全貌。

当时的历史专家做了初步的推测，电信大楼工地属于五代时期前蜀皇家园林宣华苑的范围内，石兽可能是宣华苑瑞兽门门前的石狮子。目测这尊石兽的体量不小，应该埋得很深，单凭人力无法将它发掘出土。于是考古人员与施工队协商，希望借助吊车来辅助发掘。遗憾的是，吊车的承载量也不足以支撑石像的重量，受限于当时的技术条件，考古人员最终决定将它原地掩埋。

不久后，一座 6 层高的现代化电信大楼在这里拔地而起，而那尊巨大的石像，在这座大楼的地下继续沉睡了近 40 年的光阴。坊间有不少人听说过它的传闻，却一直没有人能一睹它的真容。

时光荏苒，很快到了 2010 年。曾经气派的电信大楼在风雨中矗立了近 40 年后，已经失去了当年的风采。陈旧的大楼最终在大型机械的作业下，化为一片废墟，但很快就要有一座大剧院在这里落成。2012 年冬，四川大剧院修建工程正式开工。在开挖地基时，考古人员及时赶到了现场。他们要趁着施工建设，再来看看这位已经阔别了近 40 年的“老朋友”，如有可能，希望趁此机会将它发掘出来。

随着地基作业的进行，考古人员的心情也紧张而激动起来。果然，没多久，巨大的石兽就露出了土层，现场随之响起一片欢呼声。考古人员看着这尊阔别已久的石像，按捺着激动的心情，立即着手制订详细的发掘方案。几天后，对这尊石兽的发掘工作正式启动。

2013 年 1 月 8 日，在大型吊车的协助下，这尊石兽终于被挖了出来，人们这才看清它的全貌——这是一尊威武雄壮的石刻大犀牛。可惜的是，出土时犀牛的尖角就已遗失。

考古人员对石犀进行了详细的观察和测量，对它有了更加全面的认识。这尊石犀长 3.31 米，宽 1.38 米，高 1.93 米，重 8.5 吨，由整块的红砂岩雕刻而成。石犀呈站立的姿态，躯干丰满壮实，四肢粗短有力，下颌及前肢躯干处雕刻着卷云纹，但因年代久远，可看出表面有剥落的痕迹。整体来看雕工粗犷，但气韵古朴稚拙。

随着石犀真容的现世，关于它的谜题也越来越多。古人为什么要将这尊巨大的石犀牛埋在地下？它诞生于什么时候？专家学者进行了一番深入研究后，在《蜀王本纪》和《华阳国志·蜀志》等历史文献记载中找到了解答这些问题的线索。

号称“天府之国”的成都平原，在古代是一个水灾严重的地方。战国时期，刀兵蜂起，战乱频仍。秦国在商鞅变法后国势日盛，同时也更加清晰地认识到巴蜀地区的重要战略地位。战国末年，秦昭王委任熟识天文地理的李冰为蜀郡太守，让他治理当地的水患。李冰上任后，深入了解了当地的地形和水情，耗尽心力，终于成功修建了举世闻名的都江堰，根治了岷江水患，使川西农业生产得到了极大的发展，为秦国统一中国创造了经济条件。

据史料记载，李冰在治理水患时，命人用巨石雕刻了 5 只大犀牛作为镇水神兽。为什么古人以犀牛作为镇水神兽呢？

原来这缘于古人的一种特殊信仰。在古人看来，犀牛有分水能力，也被称为“灵犀”。它们的鼻子上方长有粗大而锋利的尖角，下水游泳时，如果速度很快，可以看到水波从尖角处向两边分开，仿佛是犀角劈开了水面。对古人来说，犀角的神奇功用还不止于此，人们相信倘若点燃犀角，还可以照见隐藏在水中的妖魔鬼怪，让它们无所遁形。所以，犀牛自然就成为首屈一指的镇水神兽了。

在现代人看来，这些属于无稽之谈。其实，当年学识渊博的李冰也并非迷信犀牛的神力。据专家研究，李冰造这些石犀并将其置于水中，主要是借用“灵犀镇水”这一说法，利用它庞大的躯体来改变水流的方向，以此来减轻水流对河床或桥体的冲击力量。只是后世的人们不断强化石犀镇水的神力，而逐渐忽略了它的实用功能。

关于这尊石犀，很多专家认为它可能与李冰治水有关。但并没有直接证据证明它由李冰所造。也有一种观点认为这尊石犀是秦汉时期的人们根据李冰治水时所造石犀进行的仿制，所以它诞生的年代只能大致推测为战国晚期至秦汉时期。即便如此，它仍是迄今发现的最早的“镇水神兽”。

凝望着这尊石犀，或许还可想见 2000 多年前，它迎着滚滚东逝的江水，以雄壮的身躯阻挡着湍急的水流，镇守着一方的平安。它的身前是乌云密布下的凶猛波涛，而它的身后，则是明媚阳光中的良田千顷和十里稻香。

小贴士

这尊有着 2000 多年历史的石犀体量庞大，采用了圆雕技法，雕工粗犷古拙，气韵生动传神，是目前已知最早的“镇水神兽”，也是成都博物馆的镇馆之宝，具有极高的艺术价值和考古研究价值。

参考文献：

① 罗开玉. 成都天府广场出土石犀、汉碑为秦汉三国蜀郡府衙遗珍说 [J]. 四川文物，2013(3).

② 冯广宏. 成都新出石犀略考 [J]. 文史杂志，2013(3).

③ 李睿芝. 瑞兽石犀：别样角度的文物保护观察小记 [J]. 大众考古，2016(3).

④ 魏敏. 天府广场东北侧出土石犀与李冰治水的历史事件：兼谈成都平原秦汉时期的水利建设与城市发展 [J]. 文物天地，2018(6).

金沙遗址博物馆

4
神秘祭品：古蜀先民的黄金崇拜
——商周大金面具

在成都市区的西北部，有一处举世闻名的历史遗迹——金沙遗址。在这里出土的那些珍贵的历史遗物，印证着光辉而灿烂的古蜀文明，犹如光华璀璨的满天星斗，闪耀着醉人的光芒，为世人打开了一扇通往古蜀先民精神世界的大门。

且让我们把时光倒回到20多年前，回顾那一场轰动世界的考古大发现，来揭开这段尘封的历史。

2001年2月8日晚上8点左右，一阵仓促的电话铃声突然响起，打断了成都文物考古研究所正在绵阳市召开的科研工作会议。这个电话向考古研究所的王毅所长汇报了一个突发情况——成都市西郊金沙村一处居民小区工程的施工现场，工人们在施工时挖出了石璧、石蛇、石人和大量的象牙。接报后，研究所领导当即决定连夜返回成都处理这一突发情况。根据电话里对出土物的描述，考古所的专家们都有一种隐约的预感——这次发现很有可能成为考古史上的一个惊天大发现。

第二天，金沙村遗址的考古发掘工作就有条不紊地开展起来。考古人员在施工现场陆续发掘出玉琮（cóng）、玉圭、石虎等珍贵文物。在发掘过程中，一块露出金色的泥土引起了他们的注意。当拨开上面的泥土后，考古人员惊奇地发现，这竟然是一件小巧玲珑的金面具，高 3.6 厘米，宽 4.89 厘米，用极薄的金片制成，重量仅为 5 克。这个小金面具虽然轻薄，但五官清晰，让人不禁感叹古代先民造物技术的高超。它就是后来成都金沙遗址博物馆的重要藏品——商周小金面具。

之所以称它为“小金面具”，是因为在时隔 6 年后，这里再次出土了一件尺寸更大的黄金面具，也就是名为“商周大金面具”的藏品。

2007 年 2 月，考古人员在金沙遗址的祭祀坑，也就是现今金沙遗址博物馆的遗迹馆里，进行着考古发掘最后的收尾工作，此时距离博物馆正式开馆还有两个月的时间，截止到此时金沙遗址已经发掘出土了 2000 余件珍贵的历史文物。

就是在这次发掘中，金沙遗址的考古工作再传喜讯，也再次引起了世人的关注。

考古工作者在 8 号遗址坑中，当年发现小金面具位置的不远处的一个圆形小土坑里，又发现了一件裹满泥土的色泽金黄的遗物。当时埋藏它的土层掺有大量的朱砂，而它则已经被揉成一团，器型难以辨认。考古人员小心翼翼地将它从土中取出，清洗掉上面的泥垢，沿着折痕轻轻地将它展开。经过出土的清理和延展后，一双深邃的大眼露了出来，这时人们才恍然大悟，原来这是一件金面具。

金沙遗址再出国宝级文物，这让现场的每一个人都为之振奋。这件金面具形体较大，据官方资料显示，面具宽 20.5 厘米，高 10.4 厘米，厚 0.08 厘米，重 46 克。其造型与 6 年前出土的小金面具有所不同，面部方正，前额齐平，与成年男性的脸部宽度相当。长刀形的眉毛略微凸起，轮廓分明。眼眶较大，双眼镂空，近似菱形，上眼睑呈弧形，下眼睑内凹，增加了立体感。三角形的鼻子高挺笔直，阔嘴微张，似有笑意，下颌平直。双耳外展，上宽下窄，耳垂上穿有圆孔。整件面具显示出一种肃穆威严的神情，透露出王者之气。

经专家研究考证后确认，这是一件商周时期的黄金面具。古蜀先民先对金砂进行加工，然后在专门的模具上锤揲（yè）成形，再通过剪切的方式刻画出五官，才做成了这件金面具。为了与此前出土的小金面具相区分，专家们将它命名为“商周大金面具”。

这件神秘的金面具从一出土，就给世人带来了诸多谜题。埋藏它的土层，为何会掺有大量的朱砂？它的主人是什么身份？古蜀先民为什么要制作这样一件金面具？它又是用来做什么的？专家们相信，解答了这一系列问题，将为破译古蜀文明密码提供重要的依据。而要探索这些问题的答案，还要回到它的出土地。

大金面具出土于金沙遗址最神秘的区域——祭祀区。专家们据此推测金面具是一种用于祭祀的用品。“国之大事，在祀与戎。”在古代先民看来，祭祀与战争一样，都是影响国家兴亡的重大事件。

难道金面具是给当时主持祭祀的祭司佩戴的吗？带着这个疑问，专家们仔细观察了大金面具，发现它的正面被打磨得十分光滑，而内壁则比较粗糙，若活人佩戴，必然极不舒适。作为十分贵重的黄金制品，能有资格佩戴它的，应该是一位地位尊崇的人，或许是一位等级最高的祭司，或许是一位至高无上的国君，而要这位尊贵的人佩戴这种并不舒适的面具，显然不合常理。况且面具的五官布局与真人相去甚远，这说明它并非是给生者的用品。

黄金是人类开发利用最早的金属之一。它以其稀缺、贵重的特性成为身份地位的象征。这一点在世界其他古老文明中都有着高度的一致性，无论是古埃及还是古希腊，都有用黄金面具彰显主人崇高地位的做法。古人将黄金面具覆盖在地位尊贵的亡者面部，以凸显出他与众不同的身份。

在古蜀先民眼中，这位拥有至高地位和权力的人，还是一位可以与神明沟通的使者。在他去世后，他的子民为他举行了盛大的祭祀活动。

那一定是一场极其庄严肃穆而又充满神秘感的古老祭祀。3000 年前的古蜀先民在这里点燃薪柴，在袅袅升起的烟雾中，将玉器、象牙以及珍贵的黄金制品敬献给神灵，以期获得神灵的庇佑。他们认为万物有灵，敬献给神明的器物也同样拥有生命。所以将它们埋入土中时，在泥土中掺入了大量的朱砂，用来代表器物的血液。

这件大金面具的出土，说明在商周时期的古蜀国地区，也存在着一种神秘且较为发达的文明，弥补了成都平原在商周时期的历史空白。

透过大金面具深邃的眼眸，似乎仍可以想见 3000 年前的古蜀人举行祭祀活动的盛大场景。虽然随着时光的流逝，他们最终湮没在历史的长河之中，但他们遗留下的神秘瑰宝，在 3000 年后的今天，仍在闪耀着耀眼的光芒，成为历史给予我们的一份珍贵的馈赠。

小贴士

金沙遗址博物馆珍藏的商周大金面具，做工精细，造型神秘而精美，是古蜀文明的代表性器物，具有重大的历史、艺术和科学价值，是研究商周时期成都地区古蜀文明、金器加工工艺、青铜文明，以及四川盆地与外地文化交流的重要实物资料。

参考文献：

① 张擎，朱章义. 成都金沙遗址的发现与文物抢救记 [J]. 中国历史文物，2002(1).
② 张擎，周志清，朱章义. 成都金沙遗址的发现与发掘 [J]. 考古，2002(7).
③ 陈桦. 黄金面具：金沙 VS 图坦卡蒙：人类黄金崇拜浅说 [J]. 大众文艺，2011(10).
④ 侯俭. 神秘的金沙黄金面具 [J]. 金属世界，2008(1).
⑤ 黄剑华. 金沙遗址出土的金面具 [J]. 上海文博论丛，2006(1).

5 凤鸟绕日：一曲太阳和凤凰的颂歌
——太阳神鸟金饰

位于成都西郊的金沙村，曾是一个有着大片农田和零星几处农舍的小村庄，一条名为“磨底河”的小河在村中横穿而过，流淌着古老而神秘的故事，孕育着一派亘古的宁静。

随着城市化建设脚步的加快，挖掘机的轰鸣声打破了这里的宁静。2001 年 2 月 8 日下午，金沙村的一处居民小区工程正在修建下水道。工人们在挖掘污水排水沟的时候，忽然听见有人喊叫起来。工人们连忙放下手里的工作，跑过去看发生了什么事。

原来，在挖土坑时，有个工人意外挖到了不少象牙，还有玉片、铜器等物件。这时，有人拨打了报警电话。警方迅速赶到，并封锁了施工现场。这一消息也很快被通报给了成都文物考古研究所。研究所的考古专家们接报后立刻赶往金沙村施工现场，正在绵阳市召开工作会议的研究所所长及部分专家，也连夜赶回成都，加入紧急的文物抢救清理工作中来。

金沙遗址，这个见证着古蜀文明发展脉络的重要历史遗迹，就在这次考古发掘中被发现，随后在这里出土的大量精美历史文物，即将惊艳整个世界。

当时出土的文物除了象牙、玉片、铜器等，还有一些金箔。这些金箔本就十分轻薄，在地下经历了久远的年代，被泥土挤压成小小的一块，出土时又被泥土包裹着，非常不易被发现。

现如今已经成为成都城市标志和中国文化遗产标志的“太阳神鸟金饰”，就是在这样的背景下被发现的。据专家们回忆，这件宝贵的金饰曾险些与我们失之交臂。当时金沙村建设工地的雨水排水沟已经挖好，管道也已经铺设完毕。考古挖出的土堆放在水沟旁边，截至这次金沙遗址被发现，已经被日晒雨淋了 3 个多月，而这件惊艳世界的“太阳神鸟金饰”当时就在这堆土中。

遗址被发现后，人们将这堆土填回了坑道，又用机器将这块地夯实。在这个过程中，仍没有发现这件金饰，这件太阳神鸟金饰就这样再次被错过。

2 月 25 日这天，一位考古人员在清理现场的时候，发现了一块拳头大小的泥块。考古人员敏锐地发现这块泥块的不同寻常之处——平平无奇的泥块竟然露出了金灿灿的一角。这说明泥块中一定包裹着金属文物。因为不清楚它的具体形态，考古人员小心翼翼地清理了上面的部分泥土，想要将这片极薄的金箔展开，又担心操作不当将其损毁，于是将它送到了实验室，交给文物修复专家处理。

文物修复专家收到这件太阳神鸟金饰时，它还是一块难以辨认器型的泥块。专家们先剔除掉了包裹着它的外层的泥土，然后将它放在特制的药水中浸泡，待剩余的泥土被泡得松软后，再用镊子小心翼翼地将它展开。直到这时，太阳神鸟金饰才渐渐展露真容。

当那规整的圆形金箔和当中镂空的飞鸟花纹完全展开时，在场的所有人都被它深深地震撼。

这是一片十分规整的直径为 12.53 厘米的圆形金箔，厚度仅为 0.02 厘米，且厚度十分均匀。整体图案分为内外两层，均采用镂空的方式来表现。金箔的内层图案是一个带有锯齿的圆圈，直径为 5.29 厘米，12 条顺时针旋转的锯齿等距分列一周，锯齿犹如野兽细长的獠牙，尖端十分锋利。这个图案让人很容易联想到高悬在空中的太阳，那些尖细的锯齿犹如太阳放射的光芒。

在这个齿状芒圈外层，是 4 只造型相同的逆时针飞翔的神鸟，围绕圆心等距分布。飞鸟飞行的方向与内圈太阳的光芒方向刚好相反，这种方向上的反差，一方面避免了构图上的单调，另一方面又为这样一个平面图案增添了动态的美感。整件金饰的图案线条简练而流畅，生动而和谐，有一种灵动的美感和神韵，彰显了古蜀人的审美意境。

虽然它是一片极薄的金箔，却采用了热锻、锤揲、剪切、镂空、打磨等多种金属加工工艺，反映了古蜀先民成熟而精湛的金属加工技术。金饰的正面被打磨得十分光滑，背面则未被打磨，相对要粗糙一些。专家们根据金箔上的纹饰图案，将它命名为“太阳神鸟金饰”。

古蜀人似乎想借神鸟这种围绕太阳循环往复的飞翔之姿，来寓意欣欣向荣和生生不息。它是古蜀人非凡的创造力和精湛工艺的完美结合，反映了古蜀人深邃的思想意识和瑰丽的想象力，是古蜀黄金加工工艺辉煌成就的杰出代表。

正如在金沙遗址出土的其他文物一样，这件太阳神鸟金饰的出现，同样让考古专家产生了深深的疑问：古蜀先民为什么要大费周章地制作这样一件金箔呢？据专家推测，这件金箔十分轻薄，应该是不能作为单独器物来使用的，很有可能是某种器物上的装饰物。然而在现已出土的文物中，并未发现与它相似的同类器物，这就使得对它的实际功用的研究遇到了巨大的困难，以致时至今日，关于它的用途，在学界仍然是一个难以解答的谜题。

即便如此，我们仍可以推测，古蜀人通过这件太阳神鸟金饰表达了对太阳和鸟的崇拜，表达了对光明的向往与追求。在世界各地的文明中，都不乏关于对太阳和鸟类的古老信仰。对自然界认识有限的原始先民，早已意识到“万物生长靠太阳”这样朴素的道理，而鸟类能够飞翔的能力，使它们成为古人眼中最能够接近太阳神的使者。生活在金沙一带的古蜀先民对太阳和神鸟表达了强烈而执着的崇奉，用满心的虔诚谱写了一曲关于太阳和神鸟的颂歌。

岁月悠悠，3000 年已逝。太阳神鸟金饰仍闪耀着万道金光，穿透历史的尘埃，照耀着这处古老的遗址，讲述着 3000 年前那段神秘的往事。

小贴士

这件太阳神鸟金饰造型精美，纹饰构图简洁明快，生动传神，具有重要的艺术价值和历史价值，是金沙遗址博物馆的镇馆之宝，对于研究商周时期古蜀先民的金器制作工艺、青铜文明和探索古蜀人的精神世界有着十分重要的意义。

参考文献：

① 朱章义，张擎，王方．成都金沙遗址的发现、发掘与意义 [J]．四川文物，2002(2).
② 刘道军．金沙遗址中“太阳神鸟”的象征意义 [J]．成都大学学报：社会科学版，2006(2).
③ 黄剑华．太阳神鸟的绝唱：金沙遗址出土太阳神鸟金箔饰探析 [J]．社会科学研究，2004(1).
④ 钱玉趾．金沙遗址太阳神鸟及金带的用途 [J]．文史杂志，2007(5).
⑤ 刘道军．从金沙“太阳神鸟”看金沙遗址文化 [J]．青海民族研究，2007(1).

6 古蜀谜云：神秘的铜像之王
——青铜立人像

在四川省广汉市西北的鸭子河南岸，有三座平平无奇的大土堆，被称为“三星伴月堆”。世世代代生活在这里的人们，也说不清它们的来历。人们只知道，从他们一出生，这三座土堆就矗立在那里，平凡得让人甚至忽略了它们的存在。直到20世纪二三十年代，这里发生了一件大事，引起了不小的轰动，这三座土堆才引起世人的重视。

那是在1929年，当地一个叫燕道诚的农民在这里淘沟时，偶然间挖出了许多玉石器。1931年春，英国传教士董笃宜得知这件事后，一面联系到当地的军队，请求军方协助保护和调查，一面携部分出土玉器到成都华西协和大学找到当时的博物馆馆长戴谦和教授，经鉴定这些玉器或为周代礼器。1934年春，继任华西协和大学博物馆馆长葛维汉组建起一支考古队，在燕道诚发现玉石器的地点附近进行了首次发掘。这次发掘出土了丰富的历史遗物，但在发掘工作进行10余天后，由于匪患猖獗，考古发掘工作不得不中止。三座土堆的秘密刚刚要被探知，就再次被历史的尘埃封存，而这一封就是20年的光阴。

接下来的20年，是一段战火纷飞的岁月。直到新中国成立后，关于这三座土堆的考古发掘工作才再次开展。四川省文物部门曾多次组织三星堆遗址考古发掘工作。

到 20 世纪 80 年代，三星堆考古发掘工作已经取得了巨大的收获。成片的房址遗迹、数以万计的历史遗物被考古人员清理出来，尤其是两个大祭祀坑遗迹相继现世，出土了大量器形奇特而精美的文物，将一个鲜为人知的古代文明呈现在世人面前。1987 年，考古工作者提出将其命名为“三星堆文化”，推断其年代大致在夏代晚期至商周之际。

1986 年 8 月，考古人员继发现三星堆遗址 1 号祭祀坑后，在其东南约 30 米的位置，又发现了 2 号祭祀坑遗迹。在这里出土的文物数目众多，包括罍、尊、人头像等青铜器，玉璧、玉戈等玉石器，以及一些金器等。在这些文物中，有一件大型的青铜立人像刚一出土，就立即引起了现场所有人的惊叹。

这件青铜立人像十分高大，出土时已经从腰下断为两截，但仍可以看出它的整体造型是一个站立在方形底座上的立人像。立人身高为 180 厘米，与真人身高相仿，通高 260.8 厘米。体量如此之大的青铜人像在中国考古史上实属罕见，即便在全世界范围内比较，这件大立人像也堪称同时期体量最大的青铜人物雕像。

除了体量大，立人像的造型也十分精美，铸造工艺极高。大立人头上戴冠，一双夸张的大眼深邃而神秘，鼻梁笔直而高挺，嘴巴宽大，嘴角上扬，两只大耳分列左右。

立人身躯细长，右臂上举到齐额的位置，左臂屈于胸前，双手大得出奇，显然古人在铸造它时，并未严格遵循人体的比例，而是进行了夸张处理。这双大手呈环握状，专家们以此推测立人手中曾经应该执有某种物件，这个物件很有可能是木质的，可能因年代久远早已遗失或腐朽殆尽。

立人身穿窄袖与半臂式共三层衣，最外层是一件左衽长袍，前裾过膝，后裾及地，衣上的纹饰繁复精美，以龙纹为主，辅以鸟纹、虫纹、目纹等，身佩方格纹带饰。立人光着脚，脚踝上戴着足镯。

立人脚下的方形底座分为上下两层，上层顶面由四只倒置的饕餮（tāo tiè）支撑，下层四面光素没有纹饰，出土时下层方座底部已有破损。整件人像采用了分段浇铸法，嵌铸而成，铜人身体中空，形象庄严肃穆，透露着一种古老的神秘感。

考古专家们根据土层情况和出土文物的特征，推断祭祀坑属于早期的蜀文化，时代相当于商代后期，距今已有 3000 多年的历史。

3000 多年前的古蜀人为什么要铸造这么一件高大的青铜立人像？为什么要刻意地将青铜人像的手夸张放大？青铜人像手中曾经持握着什么？这一连串的问题从人像出土那一刻，就浮现在考古专家的脑海中。如果解答了这些问题，或许就能走进古蜀人的精神世界，破译久远历史留给我们的文明密码。

带着这些问题，专家们展开了广泛而深入的研究，各种精彩的观点也陆续被提出。有人认为青铜大立人是一代蜀王的形象，这位蜀王既是一国的君主，也是古蜀人心中拥有神权的领袖，他集合神、巫与王三重身份于一体，应该拥有着至高无上的权力。也有人认为，青铜大立人并非是某一个具体的人，而是古蜀人将心目中的神灵具象化后创造出来的神人形象，可能是古蜀人所崇奉的祖先神或天神。

关于立人像手中持握的物品，学者们普遍认为是一种神秘的法器或神器。只是具体是什么物品则见仁见智。有人认为是琮，因为在同期出土的另一件神秘文物“青铜神树”的残件中，就有一件仅存上半身的小青铜人像，手中所持的就是琮。也有人认为立人手中持握的是权杖、大象牙或某种筒状神器。还有人认为立人手中本就无物，他在空中挥舞着双臂，只是表现了在祭祀时的一种特定姿态。

青铜立人手里究竟持握的是什么，至今仍然没有形成定论。至于立人像的双手为什么被古蜀人刻意夸大，则可能是为了突出强调他手中所持的代表着至高权力的神秘法器，也有可能是为了避免断裂损坏，而刻意增加了这一部位的强度。

这件青铜立人像，穿越时空，带着3000年前的神秘惊现在这个世界。它引发了人们无尽的猜想，也让人们看到了灿烂的古蜀文明的一个缩影。相信在不久的将来，这些笼罩在三星堆遗址上空的谜云，终将散去。呈现在世人眼前的，将是一段瑰丽奇美的古老文明。

小贴士

三星堆博物馆珍藏的这件青铜立人像，是迄今为止发现的同时代文物群中最早、最大的青铜立人雕像，被誉为“铜像之王”，是古蜀文明的一件杰出的青铜制品，反映了古蜀先民高超的青铜铸造技术和奇幻的精神世界，具有极高的艺术价值和历史价值。

参考文献：

① 沈仲常．三星堆二号祭祀坑青铜立人像初记 [J]．文物，1987(10).

② 罗曲．三星堆青铜立人像的文化密码试解 [J]．文史杂志，1992(2).

③ 钱玉趾．三星堆青铜立人像考 [J]．四川文物，1992(S1).

④ 黄家祥．三星堆遗址二号坑出土青铜立人像试释 [J]．华夏考古，1994(2).

三星堆博物馆

7 古蜀之光：超现实造型的神人面像
——青铜纵目面具

1986 年 7 月，四川广汉三星堆附近砖厂的工人在为烧砖取土时，意外地挖出了十几件玉器。工人们连忙将这一发现上报给了文物部门。四川省文物考古研究所的工作人员闻讯后，立刻赶到了现场。经过清理，一个长 4.6 米、宽 3.5 米、深 1.6 米的土坑逐渐显露了出来。陶器、铜器等文物相继出土。

经考古专家辨认，这是一处古蜀先民的祭祀坑遗迹，并将它编为 1 号祭祀坑。在为期一个月的发掘清理中，出土了大量造型奇特的各类历史遗物，其中与真人脑袋大小相仿的青铜人头像就发现了 13 个之多。

8 月，砖厂工人在 1 号坑东南约 30 米的地方，又挖到了另一个坑，长 5.3 米，宽 2.3 米，深 1.55 米。这是在三星堆遗址继发现了 1 号祭祀坑遗迹后的又一个重大发现，现场的考古人员难掩心中的激动，迅速开始发掘清理工作。

在 2 号坑内，纵横交错地摆放了 60 多根象牙，象牙下面是满满一坑的青铜器。经统计，2 号坑出土了 500 余件器物，其中青铜人头像多达 40 余件，有的还装饰着黄金面罩。出土如此大量的器物就已令人惊叹不已，没想到 2 号坑还给了考古工作者们一份“特别的馈赠”。

当一件高 66 厘米、长 138 厘米、宽 85 厘米的巨大青铜面具出现在视野中时，考古人员甚至不敢相信自己的眼睛，他们当时还以为这是一张椅子的靠背。待人们看清它的真容，考古现场又一次发出了一阵惊呼。

这件巨大的青铜面具，造型奇特，眉尖向上挑起，一双大眼中的眼球极度夸张，呈柱状凸起，上面还有一道圆镯形的箍，凸起的眼球长度达 16 厘米。两只大耳向两侧展开，鹰钩鼻，鼻梁较短，嘴巴很宽，嘴角上扬，仿佛在微笑一般。前额正中有一个长方形孔，专家推测可能是作安装额饰之用。因为它奇特的造型，专家们给它命名为“青铜纵目面具”。如今，它被收藏在三星堆博物馆。

随着公众越来越关注博物馆及馆藏文物，这件青铜纵目面具，以其独特的造型迅速在网络上走红，甚至还被网友冠以“千里眼”“顺风耳”等有趣而贴切的称谓。这些称呼是这件文物给我们的最直观的感受，但它背后所蕴藏的文化内涵显然不止这些。

三星堆考古发掘工作自开始以来，就不断给世人带来新的谜题，让人们惊叹之余，对灿烂的三星堆文化也产生了无限的遐想。这件大型青铜纵目面具一经面世，就让人们产生了疑惑：古蜀人为什么要铸造这么大的一件青铜面具？它那两个柱状凸起的眼球，又有着怎样的特殊含义呢？

专家们结合古蜀人的精神崇拜，将视线锁定在了古蜀国的开国者蚕丛身上。根据古文献记载，蜀人的始祖蚕丛就有着一双凸起的眼睛。

相传在上古时期，西南地区的大部分民族是古羌族［一说是古氐（dī）族］的后裔，他们当时生活在青藏高原一带。公元前5000年前后，他们中的一支向东迁徙，进入平原地带。另一支则向东南，进入了岷山地区。这一带多山脉，他们就依据山势建起石穴，定居下来。这些居住在岷山的人被称为“蜀山氏”。2000年以后，西陵氏（据专家考证，蜀山氏与西陵氏应为同一部族）的一名叫嫘（léi）祖的女子嫁给了黄帝，成为黄帝的元妃。嫘祖后来发明了将野蚕驯化为家蚕的方法，成为桑蚕业的鼻祖，被后人崇奉为“蚕神”。她亲自来到蜀山氏部落，将养蚕缫丝的技能传给了蜀山氏。蜀山氏掌握了蚕桑养殖技术后，改名为“蚕丛氏”。

蚕丛氏世代生活在岷山腹地，周围恶劣的自然环境让人们的生活十分艰苦。直到一位天生异相、长有双瞳的首领上任后，蚕丛氏部落的命运才终于发生了重大的变化。这位首领为寻找一处更宜居、更适宜发展蚕桑业的地方而殚精竭虑。后来，他听说成都平原地势开阔平坦，土地肥沃，于是就率领他的部族毅然踏上了迁徙之路。

在那个蛮荒的年代，迁徙之路上的每一步都走得十分艰辛。但他们凭着勇气和意志，一路风餐露宿，终于抵达成都平原，停下了迁徙的脚步，在这里定居下来。从时间上看，这时应该是在商代以前。然而蚕丛氏刚进入成都平原，就面临着与当地土著部落争夺生存空间和资源的问题。在这些土著部落中，有一个名为“柏濩（huò）氏”的部族与蚕丛氏之间爆发了一场战争。最后战争以蚕丛氏获胜，柏濩氏俯首称臣而告终。

定居下来的蚕丛氏在这片肥沃的土地上发展起农耕和蚕桑，后来还深入平原腹地，在三星堆这里修建城邦，建立起酋邦性质的古蜀国。这位天生双瞳的首领成为古蜀国的第一位王，此后的历任首领上任后均摒弃了自己的私名，改称为“蜀王蚕丛”。“蚕丛”成为蜀王的专用称谓，这也是《蜀王本纪》中记载的蚕丛统治古蜀国数百年而“神化不死”的原因。诗仙李白的千古名篇《蜀道难》中提到的“蚕丛及鱼凫，开国何茫然！”正是蚕丛创建古蜀国这段历史的印证。而后世的三星堆蜀人都将古蜀国的第一位蜀王蚕丛尊为自己的祖先。

这位蜀王天生双瞳，也有一种观点认为他可能患有甲亢才导致眼球突出，所以后人将他称为“纵目人”。这一点与三星堆出土的这件大型青铜纵目面具似乎成了一种奇妙的巧合，抑或三星堆的古蜀人就是以他们的祖先为原型，铸造了这件超现实造型的神人面具。

因为古蜀初期的这段历史在史书中的记载寥寥，关于蚕丛这位蜀王的记载也十分有限，因此史学家们的研究也尚未形成定论，这就为研究这段神秘的历史提供了无限的探讨空间。目前比较主流的一种观点认为，青铜纵目面具并非真实的人面像，而是古蜀人创造出的一种人神合一的形象，他们通过巨大的体量和夸张的五官，来表现它不同于常人的神的容貌特征。所以，它很可能是古蜀人为所崇拜的祖先神而造的像。

青铜纵目面具历经时光的流转，时至今日，仍以其独特的造型和那缕神秘的古蜀气息，昭示着成都平原曾经的一段辉煌历史，印证着那段被尘封已久又极为惊艳的古老文明。

小贴士

三星堆博物馆的这件青铜纵目面具，造型奇诡，体量庞大，线条流畅优美，轮廓清晰明快。这种超现实的造型和神秘静穆、威严正大的气势，给人以强烈的震撼，反映了古蜀人高超的青铜铸造技术，具有极高的艺术价值和文物价值。

参考文献：

① 四川省文物管理委员会，四川省文物考古研究所，广汉市文化局、文管所. 广汉三星堆遗址二号祭祀坑发掘简报 [J]. 文物，1989(5).
② 范小平. 广汉商代纵目青铜面像研究 [J]. 四川文物，1989(S1).
③ 董仁威，董晶. 三星堆青铜人面像“纵目”研究 [J]. 成都理工大学学报：社会科学版，2008(2).
④ 徐学书. 关于三星堆出土青铜人面神像之探讨 [J]. 四川文物，1989(S1).
⑤ 李厚冶. 三星堆纵目面具与古蜀神灵崇拜：基于卡西尔符号学理论的视角 [J]. 文教资料，2019(30).

三星堆博物馆

8
神话寻踪：沟通人神的桥梁
——青铜神树

1986 年，三星堆遗址 2 号祭祀坑被砖厂工人在取土烧砖时意外发现，出土了包括象牙、青铜人头像、青铜纵目面具、青铜立人像等造型奇特的古蜀遗物。在这批文物中，形体最大的那件，则非“青铜神树”莫属了。

其实，三星堆遗址出土的青铜神树共有 8 棵，但这棵被编为“1 号”的神树高达 396 厘米，是已发掘出土的青铜神树中最高大的一棵，也以它最具代表性。

这样一棵高大的铜树，制作工艺十分复杂，使用了套铸、铆铸、嵌铸等工艺，反映了古蜀人高超的铸造技术，是我国迄今发现的所有青铜文物中形体最大的一件。

铜树在 2 号祭祀坑出土时，已经碎成了 2479 块。后来文物修复专家耗费 10 年的时间，才将它修复完成。据专家介绍，这棵铜树并不完整，完整的铜树应该为 5 米左右，相当于两层楼那么高。

为什么要将这棵铜树称为“神树”呢？那是因为在中国上古神话中，就能找到它的身影。先秦文献《山海经》中记载了三种神树，其一便是东方的扶桑。扶桑树生长在一个名叫汤谷的地方。相传上古天帝帝俊娶了一位名叫羲和的女神为妻，羲和诞下了10个太阳，这10个太阳就栖息在扶桑树上。它们每天由一种名为“三足金乌”的神鸟驮在背上，轮流升到空中，给人间带来温暖和光明，这就是“金乌负日”的由来。

《山海经》中还记载了一种名为建木的神树。建木神树高耸入云，是世界上最高的一棵树。相传创世大神盘古在一片混沌中醒来后，挥动手中的巨斧，将这片混沌劈为上下两半，上面的一半徐徐上升，越来越清朗通透，变成了蓝天，下面一半慢慢下沉，越来越浑浊，变成了大地。开天辟地后的盘古身化万物，身躯变成了高山，血液变成了江河，而他的心，变成了一颗种子，飘落到大地的中心。

不知过了多久，这颗种子开始生根发芽，茁壮成长。后来，它长成了一棵真正的参天大树，上面擎着蓝天，下面撑着大地，成为连接天地的一根巨柱，使得天与地不能再相合，世界也因为这棵大树的支撑进入了稳定而繁荣的时代。

这棵擎天大树就是传说中的建木神树，建木上有树叶、花果和黄蛇。传说中天上的神仙与地上的人间通过这棵大树连通，而人类中一些杰出的人，可以通过建木直达天界，与神灵沟通，这些人就是古时的巫师。

每天金乌驮着太阳从扶桑树升起，中午的时候会穿过这棵建木神树，到了傍晚，再栖落到一棵名为若木的神树上。日复一日，周而复始。

仔细观察三星堆出土的这棵青铜神树，我们可以发现它的形制与神话中描述的神树有许多相似之处。

这棵青铜神树包括底座、枝干和龙三部分。底座由圆形的座圈和三面为弧边的近似三角形镂空块面构成，形态上仿佛三座相连的神山。底座上还铸有象征着太阳和云气的精美纹饰。

底座上方，一棵高大的铜树傲然挺立，直接苍穹。整体上看，铜树可分为三层，每层有三根分枝。在每层的三根分枝上，都有一根分枝又分出一条长枝，共计 12 根枝条。这些枝条都呈柔和下垂的姿态，每根枝条的枝头都有一个尖桃形果实，包裹在一长一短两片镂空树叶内。

在每层分枝的中部还伸出一根短枝，短枝上铸有镂空花纹的小圆圈和花蕾，花蕾上各有一只昂首翘尾的小鸟，共有 9 只。据专家推测，铜树顶端缺失的部分应该也有一只，完整的铜树应该共有 10 只铜鸟。这些铜鸟应该就是暗合了神话中负日飞升的 10 只金乌，或者说它们就象征着神话里的那 10 个太阳。而这 12 根下垂的枝条，也有着深刻的象征意义——象征着帝俊的另一位妻子常羲女神所生的 12 个月亮，而太阳和月亮刚好代表了昼夜的交替。

古蜀先民似乎通过这棵铜树，向人们传达了一个重要的信息——十天干与十二地支。“天干地支”就是中国古老的历法。“干”指的就是树干，而“地支”最早就写作“地枝”。如此看来，3000 年前的古蜀人，就以铜树的形态展示了他们眼中的历法和时间的概念。这会是一个奇妙的巧合吗？

在树干下方的一侧，有四根横向的短梁，固定着一条身体倒垂的铜龙，龙首在下，身体向上一直延伸到铜树的顶端，倘若铜树完整，铜龙的体长也可达 5 米。这条龙身似绳索相辫，造型怪异，莫可名状。古蜀人以奇妙的想象将这条铜龙塑造得威风凌厉，令人心生敬畏。

关于这棵青铜树的内涵，目前学术界尚未达成一致，但将铜树界定为“神树”，则是共识。有的专家认为，这棵铜树的造型和内涵与《山海经》中的建木相关，铜树是古蜀人沟通人神、上天下地的天梯，反映了古蜀人交通于天人之际的特殊宗教势力被古蜀国神权政治集团所独占的情况。有的专家认为这棵青铜神树同时拥有象征 10 个太阳的神鸟和神树建木所具备的特征，极有可能是扶桑与建木的合体。建木由盘古的心脏变成的种子发育而来，而这颗种子飘落到大地的中心，这说明在古蜀先民的意识中，他们所居住的成都平原就是“世界的中心”，所以铸造了这株神树，以突显它连接天地、沟通人神的神圣地位，反映了古蜀先民朴素的自然观和宇宙观。还有的专家认为青铜神树与《山海经》中的若木相似。

古蜀人以奇妙的想象力和高超的铸造技术，打造出了他们心目中的神树。透过这棵神秘的青铜神树，我们或许能走进古蜀先民奇幻的精神世界，进而探索神秘的三星堆留给后人的诸多谜题的答案。

小贴士

三星堆博物馆珍藏的这件青铜神树，造型瑰丽，工艺复杂，是迄今发现的单件体量最大的青铜文物，有着极为丰富的文化内涵，是三星堆博物馆的镇馆之宝，反映了发达的古蜀文明，具有极高的艺术价值和历史文物价值。

参考文献：

① 刘道军．从三星堆青铜神树到金沙太阳神鸟［J］．重庆师范大学学报：哲学社会科学版，2006(5).

② 黄剑华．古代蜀人的通天神树［J］．四川大学学报：哲学社会科学版，2001(4).

③ 梁庆．灵魂的天梯：试论三星堆青铜神树的内涵［J］．现代装饰：理论，2011(10).

④ 赵殿增．三星堆青铜神树：早期文明的“自然崇拜”［J］．文史知识，2017(6).

⑤ 张肖马．三星堆二号坑青铜神树研究［J］．四川文物，2006(6).

什邡博物馆

9
骁勇巴人：战场上的特别装备
——战国虎纽錞于

2009 年 10 月的一天，四川省什邡市师古镇红豆村的村民正在建造农房时，意外间挖出了一件文物。小村子里挖出宝贝的消息很快就传开了。师古镇领导闻讯后，立刻给市博物馆的杨剑馆长打了电话，说明了情况。

当什邡市博物馆的工作人员赶到现场时，出土文物已被一个农民私自拿走。后来杨剑馆长根据线索，终于找到那个农民的家，提出要看看他挖出的文物。

等了很长时间，那个农民才从草屋的一个麻袋里拿出了这件文物。当时天色已晚，杨馆长借着微光依稀辨认出它体量硕大，是件铜器，待看清时，心中不禁涌起一阵狂喜——原来这是一件传说中的“錞（chún）于”。

錞于是中国古代一种铜质的打击乐器。在古代战争中，主帅常用它指挥军队行动、鼓舞士气。錞于一般形如圆筒，上部比下部稍大，顶上有纽，纽形多样，有环形、桥形、马形、龙形、凤形、虎形等，一般以虎形纽錞于最为常见，也有的无纽。使用时以击打的方式，使其发出声响。

錞于在我国很多省份都有出土，以南方地区为多，但什邡所在的川西地区并不多见。杨馆长意识到这件文物的重要性，但囿于天色已晚，只好让这个农民收好文物，并叮嘱他千万不要擅自处理，并请派出所协助监控。

第二天一大早，杨馆长就急匆匆地带着博物馆的工作人员再次来到那位农民的家里。然而那位农民对于上交这件文物并不情愿，杨馆长耐心给他宣讲文物保护的法律和政策。经过一番劝说，他终于同意交出文物。

这件青铜錞于出土时，已不慎被破坏，器身上部和虎纽部分均被打碎掉了几块，散落的器物碎片已被另外几个农民带走。杨馆长带着馆员们在村子里走访，并提出现金奖励——小块奖励 50 元，大块奖励 100 元。经过为期三天的寻找，终于将全部的碎块找回。

为了修复这件珍贵的虎纽錞于，杨馆长又委托当时在省里拥有一流修复技术的三星堆博物馆进行修复。3 个月后，这件青铜錞于终于以完整的姿态，出现在世人面前。

这件錞于的器型与一般錞于无异，只是体量奇大，高达 85 厘米，顶部面径 41 厘米，肩径 44 厘米，底径 28 厘米。这个体量打破了重庆中国三峡博物馆珍藏的一件高 68 厘米的虎纽錞于所保持的纪录，成为新晋的“錞于之王”，现已成为什邡博物馆的镇馆之宝。

什邡虎纽錞于的肩部突出，腹部向下收缩，呈椭圆柱形，内部中空。錞于的纽是一个长 32 厘米、宽 8 厘米的虎形纽。猛虎昂头平视前方，虎口大张，虎牙森然，四爪微屈，长尾高扬，呈准备扑跃的姿态。器身上用阴线刻着卷云纹、饕餮纹等精美纹饰。

难得的是，在顶部盘首处，还铸有两个战国时期特有的“巴蜀图语”。巴蜀图语也称为“巴蜀符号”，是指铸刻在巴蜀青铜器上的一类符号，其流行地域主要为四川盆地，或史称的巴蜀地区，时段主要是战国时期，下限可至秦汉。专家们认为这是一些具有表征意义的符号，但至今尚未能解读。虎纽錞于上的心纹、四耳纹这两个巴蜀图语，为它的断代提供了重要佐证。

经过深入的比较和研究，文物专家们推断这件錞于的年代应该在战国中晚期，是古代巴族特有的战争遗物，也是研究古代巴文化极为重要的实物资料。从巴蜀地区现已出土的青铜錞于来看，以虎纽錞于的数量最多。专家推测这件虎纽錞于可能与古代巴族的虎崇拜有关。

有关专家认为，巴族的历史渊源可以上溯到五帝时代，据《山海经》记载，在炎黄二帝时期，巴族便开始出现在巴山、长江三峡地区，最终以重庆、达州为中心，建立了巴国。巴族有着丰富而独特的民俗文化，白虎崇拜是其民族文化的一个重要表现。在巴人看来，老虎是勇猛和力量的象征，它的威猛气概深受古代巴人的景仰。后来，人们对这种威猛的景仰逐渐演化成了英勇无畏、骁勇坚毅的尚武精神。在这种尚武精神的鼓舞下，巴族战士在战场上总会表现出无畏强敌的彪悍。

商朝武丁时期，国力强盛，挥师征战四方。巴人无力抵抗，被迫南迁。商朝末年，巴人因殷商无休止的侵扰和掠夺而奋起反抗。周武王姬发继位后，继承了父亲文王的遗志，积极为讨伐商纣王做准备，联合各方力量建立起以伐商为目标的军事集团，巴人毅然加入反殷大军。在商周大决战牧野之战中，骁勇善战的巴人承担起了讨伐大军先锋军的重任，冲在了战阵的最前端，最后协同武王的军队一举击败了商军。

西周灭商后，武王论功行赏，大封诸侯。巴人因在伐纣战争中作战勇猛，立下大功，被周王室正式册封，建立子国，跻身诸侯国之一，成为拱卫周王室的一支重要力量。

西周末年，周王室势力衰微，诸侯国逐渐脱离王室的管辖，中国历史向春秋时代迈进。此时南方长江流域的楚国不断崛起，与巴国时战时和，互有攻伐。后来迫于楚国急速发展的国力和日益凌厉的攻势，巴国不得不再次南迁至巫山一带，并逐渐占有了更多领土，发展成一个实力较强的大国，开始在四川地区逐渐形成“东巴西蜀”的局面。

战国时期，群雄并起。楚国在这一阶段跻身“战国七雄”之列，历代楚王横刀立马，征战天下，再次向巴国发动了大规模的进攻。在双方的攻战中，巴国沦陷了大部分领土。到了战国晚期，由于长期的交战，很大一部分巴人归入楚国，这些巴人后来成了现在土家族的祖先。

巴人在漫长的历史进程中，虽然多次迁徙，却也在辗转的过程中将独特的巴文化传播到各地，与著名的楚文化、蜀文化并驾齐驱，相互影响和渗透，并逐渐形成了我们所说的“巴楚文化”和“巴蜀文化”。

在长期的斗争过程中，崇拜白虎的巴人创造出这种用于战争的虎纽錞于，体现了他们的图腾崇拜理念，也反映了巴人英勇无畏的精神。

凝视着这件虎纽錞于，一幕鲜活的画面不禁浮现在眼前：2000 多年前，巴族战士们在战场上左冲右突，纵横厮杀。那悠远厚重的錞于之声，在尘沙弥漫的战场上空响起，穿过历史的烟云，在耳畔回荡起来，经久不散。

小贴士

这件战国虎纽錞于，是迄今发现的体量最大的一件青铜錞于，有“錞于之王”的美誉。它造型肃穆，装饰精美，做工精良，是一件十分珍贵的巴族遗物，已成为什邡博物馆的镇馆之宝，具有极高的艺术价值、历史价值和可续研究价值。

参考文献：

① 杨剑，李灿．什邡新出土虎纽錞于 [J]．四川文物，2010(2).
② 林奇，邓辉．錞于刍议 [J]．江汉考古，1987(4).
③ 陈君凡．古代巴人的虎纽錞于 [J]．民族音乐，2011(3).
④ 万全文．巴人与錞于 [J]．文物天地，1997(5).

10 浴火重生，天马神骏——东汉铜车马

1973 年年底，贵州省博物馆的文物专家唐文元先生在乘车路过兴义县（今兴义市）一个叫作“检槽沟”的地方时，透过左边的车窗看到窗外有一小片松林，路过这片松林后，一个土包进入了他的视线。“这土包好像是座汉墓。”唐文元凭直觉猜测道，就暗暗记下了这个地名，想着找机会来这里实地考察一番。

不久后，贵州省博物馆的考古工作人员来到这里，经过一番调查后最终证实，这里的确是一处汉代墓葬群。这里地处贵州的西南部兴义县万屯公社附近的一片开阔地带，这些古墓就分布在这里的松林坡上。

1975 年 10 月，经上级主管部门批准，贵州省博物馆考古人员对万屯一带的汉代墓葬进行了发掘清理。经勘查得知，这批古墓多为砖室墓或石室墓。这让唐文元心中惴惴不安，因为凭借多年经验，这种汉代墓葬往往会被盗墓贼盯上，并将墓中的珍贵文物洗劫一空。所以，这次考古发掘，他并没有期待能有多大的收获。

果然如他所料，这些古墓的确遭到了严重的盗掘，这让现场的考古人员都十分沮丧。当他们的发掘工作进行到 8 号墓时，

在这座墓的甬道内，考古人员终于有了重大发现——一件铜车马赫然出现在众人眼前。这一发现让考古人员顿时兴奋起来，纷纷围上前来查看。然而，由于泥土的挤压，铜车马整体与泥土混在一起，车的篷顶已经破碎。这给考古人员出了一个难题，因为稍有不慎就会加重文物的破坏，必须想好万全之策，才能尽量降低文物再次被破坏的风险。

经过反复的测量和商议，考古人员最后决定用整体搬出的方法，连车带泥一同起出，再整体运送到馆里进行清理和修复。但谁也没想到，这件铜车马的修复难度如此之大。1976 年，唐文元为了让这件珍贵文物重获新生，与公众见面，主动请缨修复铜车马。并非文物修复科班出身的他，只能边学边做，每天工作 12 个小时，仔细钻研每一个细节。经过一段时间的努力，铜马终于被修复。唐文元看着自己辛勤付出的成果，心中甚是欣慰。然而，欣慰之余，他也开始犯难——车轮和车架破坏得更为严重，一时也理不出头绪该如何修复，尤其是复制破碎车篷上的花纹，更是一个既需要技术，又需要经验的难题。

唐文元开始尝试各种材料进行修复试验。经历一次次失败后，他终于将车篷上的花纹成功修复，铜车马经过长达半年之久的修复后，浴火重生。修复后的铜车马一经面世，就引起了不小的轰动。后来它又参加了多个大型展览，成为当之无愧的文物明星。如今它正陈列在贵州省博物馆的展厅里，已成为该馆的镇馆之宝。

据专家介绍，这件铜车马的年代为东汉时期，由一车一马组成，全长 123 厘米。马高 88.5 厘米，长 60 厘米；车高 67 厘米，宽 60 厘米，轮径 57 厘米。整件铜车马的构件多达 200 多个，用到了浇铸、锻打、延压、扣合、焊接、鎏金等多种复杂的工艺。

铜马颈部挺立，马头微扬，两耳直立，目视前方，张嘴露齿，好像在嘶鸣一般，表情十分生动。马耳内壁和口唇处均涂以朱砂，上唇外和面部还残留有涂金的痕迹。铜马腹部丰满，四肢瘦长，左前肢微微提起，呈迈步行进的姿态。马尾高扬，并绾成结。马的缰辔（pèi）和马与车的连接绳索，都用薄铜片充当。铜马整体线条流畅自然，体态匀称，堪称青铜艺术的佳作。

车的结构分为驾马、轮轴、车厢三部分。整个车架以写实方式铸造，各类复杂部件单独铸造再拼接组装，或铆合，或以铜片绑缚，深度还原了东汉时期车马的形制风貌。

铜马共分为 11 段。古代工匠先以分铸法，铸造出马的头、耳、颈、躯、尾、四肢等部位，其中两只马耳为实心，耳根部预留榫头，可与马头上方的卯眼相连。其余 9 段均为空心，每段上都预留出可供拼接的子母扣，上面还铸有小孔。工匠们将这些部件铸好后，再进行拼装，并用 17 根栓钉插到预留的小孔里进行固定。这种方式铸造的铜马，可以随意拆分和拼装，让人不得不赞叹古代工匠的奇技巧思。

在汉代的葬俗中，上层社会有以铜车马作为随葬品的习俗。这所古墓位于黔西南地区，而黔西南是古夜郎国的中心，说明早在东汉时，陪葬铜车马的丧葬习俗已经传到这里，并被当地贵族广泛接受。如此生动传神、惟妙惟肖的铜车马，它的主人又是谁呢？有专家根据墓中出土文物分析，认为墓主人很有可能是一位贵族女性。但根据目前出土的文物信息，还不能确定其准确身份。

时光流转，近 2000 年的悠悠岁月在历史的长河中悄然淌过。这件铜车马幸运地被考古人员发现，得以重见天日，又从支离破碎中浴火重生，成为万众瞩目的明星。如今，它正安静地陈列在贵州省博物馆的展厅里，向世人讲述着它的传奇故事。

小贴士

贵州省博物馆珍藏的东汉铜车马，造型精美，铸造工艺复杂，已被评为该馆的镇馆之宝。它印证了贵州悠久的历史渊源，对研究东汉时期盘江流域的社会、经济、文化具有重要意义，对追寻西汉时期的夜郎文化，也具有较高的历史文化价值及考古研究价值。

参考文献：

① 贵州省博物馆考古组．贵州兴义、兴仁汉墓［J］．文物，1979(5).

② 袁炜．兴义、兴仁出土的东汉铜车马［M］// 广西壮族自治区文物局，广西壮族自治区博物馆．广西文博：第三辑．桂林：广西师范大学出版社，2020.

③ 崔利军．万屯 8 号汉墓主人身份补正［J］．黑龙江史志，2014(1).

④ 宁健荣．贵州省博物馆藏青铜文物的区域性文化特征［J］．文物天地，2015(5).

贵州省博物馆

11 流光溢彩：播州土司超越品级的奢华
——金凤冠

唐朝贞观十三年（639 年），唐太宗在今天的贵州遵义一带设置了“播州”，将其纳入唐王朝的管辖范围，从此史书上第一次出现“播州”之名。这一名称一直延续使用到明朝万历年间。

公元 859 年，南诏国发兵攻占了播州，唐王朝派安南都护将其收复。873 年，南诏再次出兵攻打，播州再次沦陷。两年后，唐僖宗下诏招募强将带兵讨伐南诏。山西太原人杨端应募，带八姓族兵入播参战，收复了播州。从此，拉开了杨氏一族在播州当地统治的大幕。

杨氏自唐朝末年入驻播州，历经五代、两宋、元朝而入明朝，中原王朝不断更迭，唯独杨氏对播州的统治地位历经数百年仍稳如泰山。

元朝建立后，中原王朝对西南少数民族地区的统治制度发生了转变，开始实行土司制。所谓土司制，是中央王朝在少数民族地区任命或分封地方首领担任可世袭的官职，以统治当地的一种特殊政治制度。杨氏第 16 代杨邦宪接受元朝的招抚，成为“播州土司”。

明朝时，杨氏第 21 代杨铿于洪武五年（1372 年）归顺明朝，仍担任土司一职，受到明太祖朱元璋的丰厚赏赐。明朝万历年间，杨氏已传到第 29 代杨应龙。就在他这一代，因为叛乱，杨氏一族对播州的统治走到了尽头。杨氏在播州的统治绵延了 700 多年，历代播州土司去世后，也都安葬在这里，形成了规模庞大的杨氏家族墓群。

1953 年 3 月的一天，贵州省遵义市高坪镇的地瓜堡仓库建设工地的工人，在取石料的时候，偶然间发现了一座石墓，里面藏有不少金银器和玉器。这一发现立即吸引了很多人赶到现场，场面开始混乱不堪。人们开始趁着混乱，哄抢石墓中发现的珍贵器物。当时墓中有两件极为精美的金凤冠，就在人们的哄抢中被盗走。这一性质恶劣的盗抢文物事件，立刻引起当地公安部门的高度重视。不久后，被盗抢的文物被悉数追回并交由遵义市图书馆代为保管，可惜的是原本完整的两件金凤冠，有一些部件在哄抢过程中被损毁和丢失。同年 9 月，这批文物被转交到正在筹备中的贵州省博物馆。

1972 年 3 月，贵州省博物馆考古组对分布在遵义高坪镇地瓜堡附近山梁上的墓地进行了发掘。根据出土的墓志等历史遗物，考古人员确定这处墓地正是杨氏土司墓地，这里安葬着四代土司和他们的夫人。但出土金凤冠的那座较小的石墓并不在这次发掘范围，因此金凤冠的主人身份，仍无法确定。

直到 2012 年，随着海龙屯（位于高坪镇海龙屯村，是一处土司城堡遗址）申报世界文化遗产的工作启动，专家们开始对杨氏土司历史文化遗存进行全面的发掘和调查，当年出土金凤冠的那座石墓得以被重新审视。经专家研究确认，这座石墓正是杨氏土司杨相和他的妻室。这两件金凤冠，分别属于杨相的正妻张氏和侧室柳氏。

这两件凤冠都制作于明朝嘉靖年间，造型比较相似，主要区别在于金冠上凤鸟的数量有所不同。其中上面带有7只凤鸟的称为“七凤三龙金冠”。

这件七凤三龙金冠高29厘米，宽38厘米，重达1.388千克，整体以纯金打造，上面镶嵌着各色宝石。金冠的正面居中是一朵硕大的六瓣重台花，花形饱满，作为金冠正面的主要装饰，使金冠显得雍容华贵。六瓣重台花采用了镂空平錾工艺，花瓣上镂錾着羽纹，每片花瓣上还镶嵌着一颗宝石。重台花周围环绕5只金凤鸟，似在翩翩起舞。重台花下方是一条卷云头扁体花饰和一条饰带。金冠顶部左右两侧各有一只比较醒目的金凤鸟，用以凸显主人的尊崇地位。在金凤冠的顶部，饰有一条盘龙。金凤冠的背面以一朵盛放的牡丹花为中心，周围装饰着云头、蝴蝶、弧带等精美的饰物。整件金冠除了上方的两只凤鸟外，各个主要部件都镶嵌着品质上乘的红宝石和蓝宝石。

这件金冠的耗材，仅黄金就要用到1000多克，还有镶嵌在上面的上百颗名贵宝石，单从这一点就可看出它的极致奢华。此外，还需要经验丰富、技艺精湛的工匠综合运用累丝、錾刻、镶嵌、锻造等一系列细金工艺，才能打造出这样一件雍容华贵、尽显奢华的金冠。

与另一件金凤冠相比，这件金凤冠体积更大、更重，且多了两只金凤鸟，这说明它的主人地位更高一些。因此，专家推测它应该是土司杨相的正妻张氏之物。而另一件五凤金冠，则属于他的侧室柳氏。

这两件凤冠的熠熠金光与晶莹剔透的宝石交相辉映，显得异常华美，甚至并不比当朝皇后的差。这就反映出了一个有趣的现象——僭（jiàn）越。

中国历代封建王朝，均推崇礼法。帝王通过礼法制度，在臣民间确立起一种深刻的等级观念，甚至将其写入律法，以维护自己的统治。在这种等级制度下，臣民衣食住行的规格和标准都被严格而细致地做了规范，一旦超越这种规范，就属于“僭越”，是一种十分严重的“犯上”行为。

按照明代典制，凤冠的佩戴者，应依照等级的不同而各有差异。这种差异主要反映在各类饰件的数量上，尤其以凤形饰的差异最为突出。因此又有凤冠和翟冠的区别。按照规定，一品夫人戴五翟冠，二至四品夫人戴四翟冠，五、六品夫人则戴三翟冠。

土司杨相为他的妻妾打造的这两顶金冠均为五翟冠，而他的官职仅为从三品，还不到可以佩戴五翟金冠的级别，这说明他是故意突破自己的品级，使用了皇室标准的用品，已经有了僭越的嫌疑。

对于他这种僭越行为，明朝中央并非坐视不管。但在明朝中后期，皇室对地方的约束力越来越弱，冠服僭越的行为屡禁不止，也就产生了“越级而冠”的现象。而这种僭越，也折射出了地方土司政权的“王权”特征，似乎也预告了杨应龙发动的那场断送了杨氏土司统治的叛乱。

400 多年的时光倏然已逝，如今，这两件绝美的金冠正陈列在贵州省博物馆三楼的展厅里。流光溢彩的金凤冠，正以它独有的那份华美，惊艳着每天往来观赏它的万千观众。

小贴士

贵州省博物馆珍藏的这件金凤冠，以1000多克纯金打造，并嵌有上百颗贵重的宝石做装饰，做工精湛，极尽华美，反映了明代播州细金工艺的高超水平，具有极高的艺术价值。它也是明代土司制度下的播州历史、文化的见证，对于研究这段历史有着十分重要的意义。

参考文献：

① 贵州省博物馆．遵义高坪“播州土司”杨文等四座墓葬发掘记 [J]．文物，1974(1).

② 付永海，张凡．贵州省博物馆藏明代金凤冠 [J]．文物，2017(7).

③ 李飞．认知高坪土司墓出土的金凤冠 [J]．当代贵州，2018(23).

④ 周必素，彭万，刘秀丹．贵州遵义高坪杨氏土司墓地五室墓出土器物的初步研究 [J]．南方民族考古，2018(1).

⑤ 陈季君，陈旭．论明代播州杨氏土司的历史终结 [J]．云南师范大学学报：哲学社会科学版，2014(5).

贵州省博物馆

12

竹影婆娑君子影，放达一生为谁狂

——郑板桥墨竹中堂

在中国书画史上，曾涌现出无数将笔墨丹青用到极致的名家。书画艺术发展到清代时，展现出了新的风貌。文人墨客除了继承前代的艺术成就，并进一步发扬光大，还积极求新求变。在这样的背景下，一些新的艺术流派开始萌芽，并蓬勃发展起来。

在这些新兴的艺术流派中，有一个画派，堪称一股清流注入清代中期的画坛，它就是著名的“扬州画派”。扬州画派是清代中期活跃于扬州地区的一批风格相近的书画家的总称。因为他们的书画风格主张标新立异，不落俗套，有时作品还隐喻时政，针砭时弊，和当时的所谓“正统”画风有所不同，因此也被世人称作“扬州八怪”。

郑板桥就是扬州八怪的一位代表人物，是清代著名的书画家和文学家。郑板桥原名郑燮（xiè），字克柔，“板桥”是他的号，所以世人常称他为“板桥先生”。

康熙三十二年（1693 年），郑板桥出生在江苏兴化的一个书香门第，出生时家道已经中落，因此他早年生活困顿。3 岁时，生母汪夫人去世，是善良淳朴的乳母费氏悉心地照料了他的童年生活。据说他小时候，乳母时常会背着他去城门口买饼吃，路上总会经过一片茂密的竹林。也许这段记忆深深地印在了郑板桥的童年记忆里，他与竹子结下的这段不解之缘，使他一生痴迷于竹，并将之作为艺术创作的重要题材。

郑板桥自幼便聪慧过人，八九岁时，他已经能在父亲的指导下作文联对。12 岁时，父亲将他安排到真州（今江苏仪征）毛家桥读书。在这里读了 4 年后，郑板桥又回到家乡继续学习。童年的求学经历，为他日后深厚的文学功底奠定了坚实的基础。

郑板桥在 20 岁时考取了秀才功名。然而上苍似乎并未关照这个才华横溢的年轻人，他的生活依旧拮据而艰辛。23 岁时，郑板桥迎娶了徐氏，有了儿女。为了养家糊口，郑板桥在真州开设了私塾，当了 4 年的教书先生。

30 岁时，父亲的去世使郑板桥的精神再次受到了沉重的打击，生活也更加难以为继。这时设塾教学的微薄收入已经不足以养家，无奈之下，郑板桥只好放下读书人的自尊，前往扬州，开始了人生的第一次卖画生涯。

作为一个初来乍到的新人，郑板桥在扬州画坛还没什么名气，他的作品在市场上自然也得不到认可，仅仅是凭手上的丹青功夫换得碎银几两，以一介书生的单薄臂膀支撑着全家的开销，勉强度日。在客居扬州的日子里，郑板桥结识了志同道合的画友，也历经了亡妻丧子的悲痛。扬州十载，尝遍世间冷暖；竹枝万缕，拂起两袖清风。经历了这些苦难，郑板桥开始变得心灰意懒，放浪形骸，成为众人眼中的一个清狂而放浪的书生，但同时他对文学和艺术也有了更深刻的思考和更成熟的认识。

雍正十年（1732 年）秋，在朋友的资助下，年近 40 的郑板桥远赴南京参加了当年的乡试，并中了举人。乾隆元年（1736 年），郑板桥赶赴北京参加了礼部会试，再中贡士。同年，又在太和殿参加了殿试并高中进士。困顿了半生的郑板桥以为入仕后，将迎来一片坦途，虽然已年逾不惑，也算是否极泰来。然而他在京城逗留了一年的时间，发现求官无望，只好收拾起行囊返回了扬州。

回到扬州的郑板桥再次操起了卖画的旧营生。让他没想到的是，当年他的兰竹图无人问津，而这时开始有很多人争相购买。随着知名度的提升，也逐渐有一些达官显贵和郑板桥有了往来，这其中就包括慎郡王允禧。

郑板桥在扬州又苦等了6年，在年近五旬时，才有机会补了一个知县的缺，被任命为山东范县（今属河南）县令，从此一脚踏入宦海。

赴任后的郑板桥，勤于政事，重视农桑，体察民情，将范县治理得井井有条。百姓们安居乐业，十分爱戴这位新到任的县令。两年后，郑板桥又被从范县调到潍县（今山东潍坊）。这一年，山东发生了大灾荒，潍县这样一个曾经繁荣的小城也未能幸免。到任后，赈灾成了郑板桥手头最重要的一项工作。他心系百姓，顶着被上司责难的风险，下令开仓赈粮，此举一度挽救了万余名百姓的生命。为了赈灾，郑板桥还捐出自己的俸禄，与当地百姓共克时艰。

1753年，郑板桥已经年入花甲。这一年，他因为民请赈而得罪了上司，也许是看透了官场的虚伪和腐败，性情率真的郑板桥毅然踏上了回乡的路。离开潍县时，潍县百姓出城相送，依依不舍，痛哭挽留。郑板桥虽也有不舍，但内心却十分欢喜，此处一别，迎接自己的将是另一番天地。他挥毫写下了“乌纱掷去不为官，囊橐（tuó）萧萧两袖寒。写取一枝清瘦竹，秋风江上作渔竿”这般洒脱的诗句。

再回扬州卖画为生，又是另一番景象。郑板桥将全部心力投入他所钟爱的诗书画印中，开创了独具特色的“六分半”书体，求其书画的人愈加趋之若鹜。然而，此时的郑板桥早已洞察世事，更加洒脱狂放，将他率真的性格完全挥洒在世人面前，作书作画全看心情，寻常百姓也能轻易获得，富商巨贾也会一画难求。正是这样一位一身正气、两袖清风的文人，成为清朝中期极富影响力的扬州画派的代表，为后世留下了不朽的名作。

在贵州省博物馆，就珍藏着一件郑板桥的真迹，是一幅墨竹中堂。中堂是国画装裱中直幅的一种体式，因悬挂在堂屋正中的墙壁上而得名。这幅墨竹纵138.1厘米，横86.1厘米，为六尺整宣巨幅。画面中，立石被布局在中间的位置，左侧长竹至顶，中间绘有一丛浓密的竹叶，乃整幅画面笔墨最为凝聚的地方。右侧斜向上以淡墨绘出竹影，下方再以浓墨绘出密叶。画幅左侧为郑燮题款，下方缀朱印两方。整幅画构图简练，远景、中景、近景错落有致，有很强的层次感。墨色富于浓淡变化，竹叶疏密得当，潇洒而舒展，是极富郑板桥风格的一幅精品佳作。

郑板桥历经坎坷不平，看透了世态炎凉，一生对竹情有独钟。在他的心中，竹是高风亮节、百折不挠的君子，代表着雅致和文人风骨。在他的笔下，竹展现出的是一派清洁的傲然和蓬勃的生机。那流畅的线条和锋锐的笔触，将绘画与自然相融合，在浓淡干湿间，描绘出谦谦君子的气韵。

这个狂怪的文人，一如他笔下的竹，最终活成了他想要的模样。

小贴士

贵州省博物馆珍藏的这幅墨竹中堂，是清代著名书画家、文学家郑板桥的真迹。作为“扬州八怪”的代表人物，郑板桥的竹堪称一绝。这幅画作构图简练，疏密有致，是郑板桥传世画作中的一件精品，具有极高的艺术价值，是研究郑板桥的书画艺术的重要实物资料。

参考文献：

① 钟芳. 郑板桥与竹 [J]. 上海企业，2018(7).
② 杨湘涛. 郑板桥的修竹人生 [J]. 文艺争鸣，2010(6).
③ 李慧国，巨潮. 再论郑板桥艺术观的成因 [J]. 江南大学学报：人文社会科学版，2009(5).
④ 张晓娟. 论郑板桥的君子观 [D]. 延边：延边大学，2010.
⑤ 翟志华，孙瑞忠. 郑板桥墨竹诗意画的美学意蕴探析 [J]. 山西广播电视大学学报，2018(2).

13 瓷上风景：映照一代名臣的民族气节

——“尘定轩”斗彩山水人物盖碗

一个深秋的午后，晚唐诗人杜牧乘着雅兴出游到林木萧条的山前。深秋的风拂过山岗，引得山间密林沙沙作响。阳光透过层林尽染的山林，在一条石头铺就的小路上投下摇曳的光斑。杜牧的目光顺着这条蜿蜒而上的石头小径，找寻着它的终点。只见它一直延伸到山顶，接入那缭绕的白云，缥缈的白云间，隐约还能看见一些房屋掩映其中。

住在那里的一定是世外高人吧！诗人望着远山上那几户人家心中暗想。眼前的景色让他如痴如醉，在落日的映照下，经霜后的枫林红得正艳，每一片枫叶都像燃烧的火焰，堪比那二月间的春花。

看到这里，他停下车来，静对着山中的秋色，不禁满心感怀，发出“霜叶红于二月花”的由衷赞叹。

1000 年以后，杜牧眼中的这番美景，如一幅绝美的画卷，被清朝的工匠绘在了瓷器上，做成了一件精美的盖碗，成为大清皇帝的御用器皿。

这件瓷器，正是贵州省博物馆珍藏的“尘定轩”斗彩山水人物盖碗。盖碗通高 6.8 厘米，口径 6.7 厘米，足径 2.7 厘米。敞口，圈足，器盖犹如小碟，盖顶置圈形纽，盖纽高矮合适，与整器的大小协调一致，又方便拿捏。整件器物小巧玲珑，轻盈雅致。胎色洁白细腻，釉色白中闪青。器身和器盖上施以精致的彩绘，是一件出自清朝皇家的斗彩瓷精品。

“斗彩”是将釉下青花和釉上彩色相结合的一种彩瓷装饰工艺，明朝宣德时期萌芽，后来逐步发展成熟。它的制作方法是先用钴（gǔ）料在瓷胎上勾勒出部分花纹或花纹轮廓，然后罩上一层透明釉，放入窑炉中高温烧结，再在釉层之上沿着青花轮廓线填入各种彩料完成彩色图案，入窑低温二次烧成。到明朝成化年间时，斗彩已经发展成熟，成为独立的彩瓷品种。

这件盖碗正是以斗彩的表现形式，在外壁描绘了唐代诗人杜牧《山行》一诗的图景。画面上，一位老者正坐在山石之上，怡然欣赏着眼前的一派醉人的秋色。一个笑容憨厚的童子则立在车后，双手交叉放在胸前车厢上，在一旁陪着老者同赏美景。

外口沿下绘有两道青花弦纹，作为器身和器盖的分界。盖上以细腻的笔触绘着山石、树木和掩映在云雾中的四间小屋。近景的树木上以红叶点缀，增加了层次感，远景中有一人正行走在蜿蜒的山间小径上。

盖碗的彩绘构思巧妙，构图合理，近景布局在器身，远景布局在器盖之上。如此一来，也灵活地表现出老者极目远眺，看向山顶云间的诗意画面。整件器物的彩绘以青绿色为基调，画面意象疏密有致，淡雅中见浓翠，青绿中现枫红，在这一淡一浓、一翠一红中，尽显诗境雅趣。人物的衣色、车辆等颜色的巧妙运用，又进一步丰富了画面的色彩。整个画面绘工精细有度，设色艳而不俗，堪称皇家御瓷的上乘之作。盖碗的底足和盖纽内有青花楷书的“尘定轩”三字款识，字体工整秀丽，是用小笔蘸青料写成的。尘定轩，是雍正帝未登基前的雍和宫轩名。

经文物专家鉴定，这件盖碗产于清朝道光年间，此时的大清王朝经过康乾盛世，已经走在了下坡路上，社会动荡不安，内忧外患不断，经济、文化、艺术的发展早已大不如前，景德镇制瓷业在这样的时代背景下，也受到了严重的影响。这件斗彩盖碗就是在这样的历史条件下被生产出来的。然而，无论胎釉还是画工，仍能达到这般品质，实属不易。

道光帝一生节俭，但对于皇宫内御用瓷器的品质，仍要求严格。他命工匠仿祖上雍正帝的瓷器风格，制作了这件盖碗。后来，这件盖碗流传两代，成为同治帝的御用瓷器。同治帝为了表彰大臣石赞清，将这件瓷器赏赐给了他。

石赞清是贵州黄平县人，出生在一个家境贫寒的穷人家庭，少年时父母相继离世，跟随伯父到贵阳生活，度过了少年时光。年少时的石赞清十分勤勉，学习刻苦，在贵阳童子试中，名列前茅。

道光十五年（1835 年），朝廷开恩科，石赞清高中举人。三年后，赴京参加会试，又高中进士，从此步入仕途，曾任天津府知府、工部右侍郎等职，前后从政 30 余年，成为清朝历史上的一代名臣。

在石赞清从政生涯中，最让人们称道的，就是他任天津知府那段时期。当他刚刚被授任该职时，天津适逢罕见的旱灾。他顶住压力，毅然开仓放粮，挽救天津百姓于水火。旱灾过后，他又重点治理常年泛滥的海河，筑起千里河堤解除天津百姓的后顾之忧。在他的治理下，天津得到了飞速发展，人口激增。石赞清又主持圈地扩城，将天津城池向外扩建了几十倍。石赞清在任期内，殚精竭虑为百姓做好事、干实事，赢得了百姓的一片赞誉。

咸丰十年（1860 年），英、法组织联军再次占领天津，总督以下各官纷纷逃散。石赞清舍生忘死，挺身而出，只身亲赴敌营，慷慨陈词，据理力争，想要通过谈判的方式劝说敌人退兵。英军深知石赞清在天津人民心中的重要地位，就将他囚禁在驻地。石赞清面对英法联军毫无惧色，一度要引颈就戮，慷慨赴死。他的无畏精神也深深地震撼了英军主帅，开始以礼相待，以利相诱。然而，石赞清对此不屑一顾，以绝食相抗争。

石赞清的英勇事迹感召了数十万天津人民。他们自发地将英国轮船团团包围，要求释放石赞清。咸丰帝也立即传谕，命令载垣立刻与英方交涉，解救石赞清。在清廷与天津人民的巨大压力下，英军主帅被迫妥协，只好将石赞清放回。

在危急关头，石赞清将国家和民族的利益放在至高无上的位置，舍生忘死，表现出大义凛然的民族气节，让国人深受感动和鼓舞。同治帝登基后，将石赞清树立为坚贞不屈之楷模，并予以表彰。这件“尘定轩”斗彩山水人物盖碗就是同治帝赏赐给石赞清的御用之物。同治八年（1869 年），石赞清带着一身的荣光在京病逝，归葬故里。因膝下无子，他将这件御赐盖碗赠给了侄子，后来又传至其侄孙女手中保存。1976 年，这件盖碗正式入藏贵州省博物馆，成为该馆馆藏瓷器中的一件重要藏品。

寒山石径、白云茅屋、枫林晚照……瓷上的风景让人沉醉，它映射的那一代名臣的天地正气和忠贞无畏更让人敬仰。

小贴士

贵州省博物馆珍藏的这件“尘定轩”斗彩山水人物盖碗，胎体轻薄，釉色莹润，彩绘构图巧妙，画工精湛，且传承有序，具有重要的艺术价值和历史价值，是清代名臣石赞清舍生忘死捍卫民族利益的见证，也是了解道光时期景德镇瓷器生产状况不可多得的实物资料。

参考文献：

① 黄江玲. 晚清名臣：石赞清 [J]. 贵阳学院学报：社会科学版，2014(2).

② 唐艳. “尘定轩”斗彩山水人物盖碗：清代黔籍名宦石赞清家藏御瓷 [J]. 贵州文史丛刊，2011(4).

③ 张云江. 不惧英军的石赞清 [J]. 文史天地，2005(6).

④ 萧洪恩. “民怀其惠，夷慑其威”：读《晚清名臣石赞清传》 [J]. 贵州大学学报：社会科学版，2014(5).

贵州省博物馆

14 平乱日记：见证 700 年杨氏土司的谢幕

——“平播报德”铜钟

播州宣慰使杨应龙，自其先祖杨端在唐末引兵入驻播州，成为当地的世袭领主，传至他时，已经累传 29 世。杨氏一族在播州地区的统治已经长达 700 余年，到杨应龙时，正值明朝万历年间。

杨应龙在播州统治时期，早已偏离了他祖上的为政思想，不但有了不臣之心，且为人残忍暴虐，嗜好杀戮。辖区内的百姓苦不堪言，纷纷向四川和贵州的巡按司告发他的罪行。贵州巡按列数杨应龙罪状，主张将其剿灭，而四川巡按则主张招抚，两方未能形成统一意见。杨应龙与明朝政府的关系也因此开始逐渐恶化。

万历二十年（1592 年），杨应龙到重庆与告发他的官员百姓对簿公堂，被定罪当斩。他以进献金银财帛和领兵出征倭寇将功赎罪为由，被朝廷允许离开重庆返回播州，从此坚守不出。不久后，四川巡抚王继光来到重庆提审杨应龙，杨应龙抗命不从。万历二十一年（1593 年），王继光会兵进剿，行军至娄山关时，遭到了杨应龙伏兵的袭击，官军大败，王继光一战不利被革职。继任官员主张招抚，但罚杨应龙白银 4 万两以示惩戒，并将他的次子杨可栋扣押在重庆做人质，以此来胁迫杨应龙缴纳罚银。

万历二十四年（1596 年），杨可栋死在了重庆，杨应龙以此为由，拒缴赎金，并出兵焚掠周边土司。次年又劫掠贵州洪头、高坪等地，侵扰湖广 48 屯。杨应龙的公然反叛，引起朝廷震怒。第二年春，贵州巡抚江东之派精锐三千进剿，却在飞练堡一战中全军覆没。此时贵州守备空虚，最高长官江东之又被革职，形势十分危急。在这一情况下，身在江南的郭子章被举荐出任贵州巡抚。

郭子章自幼聪慧过人，8 岁时入学，即可日诵千言，稍微长大些时，就已博览诸子百家，成为文武兼资的少年人才。1571 年，郭子章考中进士，开始了他的宦海生涯。明军飞练堡一役失利后，万历皇帝下定决心平定播州土司杨应龙叛乱，在大臣们的大力举荐下，将郭子章火速调往贵州，出任贵州巡抚。

郭子章临危受命，在动身赴黔当晚，竟做了一个离奇的梦。梦境中，关公告诫他平定播州叛乱一定要准备周全，不可冒进，并暗示了他平定叛贼杨应龙的日期。

郭子章抵达贵阳后，发现这里兵卒不足 5000，府库空虚，粮饷匮乏，城防简陋，人心惶惶。在这种情况下，出兵进剿断无可能。郭子章想起梦中关公给自己的告诫，决定先扭转当前的困难局面，为日后的进剿做好充足的筹备工作。

第一步便是解决粮饷问题。郭子章与新任巡按宋兴祖商议并联名上疏，从朝廷请拨来 400 万两饷银和 30 万石漕粮，充实了府库，让广大官兵有了底气。接下来，郭子章又开始精选文臣武将，因材施用，分兵驻守重要关塞。经过半年多的筹备，贵州兵员粮饷齐备，士气大振，出兵进剿的时机已经成熟。

1600 年春，总督李化龙、贵州巡抚郭子章以及湖广巡抚支大可等统领20万大军，吹响了平定播州叛乱的战争号角。彼时杨应龙已经在平叛大军集结前，先率兵8万攻陷了綦（qí）江，并纵兵血洗了綦江城，全川震动。这次平叛，李化龙为总督，坐镇重庆，统领全局。誓师大会完毕后，20万大军兵分8路，于二月中旬开始了全线进攻。

8路大军中，有绰号“刘大刀”的总兵刘綎（tīng），是位抗倭名将，他所统领的军队骁勇善战，威名甚广。这次他领一路人马直奔綦江。綦江位于播州以北，杨应龙屯重兵于此，令其子杨朝栋率数万苗兵据守。苗兵素闻“刘大刀”威名，听闻他率军前来，纷纷不战自溃。因此，刘綎率领大军一路长驱直入，攻到了娄山关下。

8路大军齐发，在进剿过程中，受到了杨应龙的顽强抵抗，战争互有胜负。四月到六月间，刘綎先后攻破娄山关、海龙囤，锁定平叛战争的胜局。杨应龙见大势已去，关门自缢。这场战争前后持续了100多天，斩杀叛军2万余人。同年十二月间，李化龙班师回朝，并将俘虏的杨氏族人押解到京师，斩于闹市。至此，平播一战以朝廷完胜而告终。平播之战的胜利，大大加强了大明王朝对西南地区的统治。

郭子章回顾播州之役，竟全然印证了梦中关公的告示。为了感激关公的庇护，郭子章在军营驻地的东边建了一座“神武祠”，来供奉关公。此外，在平播官军班师之前，郭子章又命人搜集播州军队的铜锅铜炉，熔铸成“平播报德之钟”和“平播安黔之鼎”，置于神武祠门外两侧，来表彰功绩，教化民众。

平播报德铜钟通高78厘米，底径62厘米，重70.5千克。钟顶铸有双首四足蒲牢形纽，向下弯曲成环，形如树根。蒲牢是中国古代神话中龙生的九子之一，它居住在海边，最害怕的就是鲸鱼。当鲸一发起攻击，它就吓得大声吼叫，声音极其洪亮。因此，古人铸钟时，常以它的形象来做钟纽，把敲钟的木杵做成鲸的形状。敲钟时，就像鲸在攻击蒲牢，钟就会发出响彻云霄的巨响。

铜钟肩部装饰有三道凸起的弦纹，上面两道弦纹间饰有一行雷纹。第二和第三道弦纹之间间距较宽，铸有一行阳文篆书，为“平播报德之钟”6 个字。另有阳文篆书长篇铭文环绕钟腹一周，共计 46 行，每行 6 至 7 字，由郭子章撰文，详细记述了这次明王朝平定播州土司杨应龙叛乱一事，以及关公数次托梦的经过。铭文下方饰有数道间距不等的凸起弦纹和一条雷纹带。

历史烟云变幻，400 多年光阴匆匆流逝。如今，这件平播报德钟正收藏在贵州省博物馆，每天向世人讲述着当年那场惊心动魄的战争往事。

小贴士

贵州省博物馆珍藏的这件平播报德钟，造型古朴，保存完好。难得的是铜钟上铸有长篇铭文，记述了明朝万历年间朝廷发兵平定播州土司杨应龙叛乱的史实，见证了统治播州 700 多年的杨氏政权的覆灭，具有较高的艺术价值和重要的史料价值。

参考文献：

① 宋灿云．播州神武祠铜钟研究 [M] // 北京民俗博物馆．北京民俗论丛：第八辑．北京：中国社会科学出版社，2021．

② 黄万机．郭子章与平播战役 [J]．贵州社会科学，2002(6)．

③ 赵平略．郭子章的生平与著述 [J]．王学研究，2013(2)．

④ 陈红优．十六世纪末的杨应龙与“播州之役”[D]．南京：南京大学，2018．

⑤ 陈季君，陈旭．论明代播州杨氏土司的历史终结 [J]．云南师范大学学报：哲学社会科学版，2014(5)．

云南省博物馆

15 玉衣非衣？神秘古国的王之葬玉
——滇王玉衣

在中国的南方曾出现过一个神秘的古国，它拥有高度发达的青铜文明，疆域主要是在以滇池为中心的云南中部及东部地区，境内主要民族为古代滇人部落，它就是中国历史上最神秘的古国之一——滇国。长期以来，由于考古资料匮乏，外界对古滇国文化的认知极为有限。

这个神秘古国再次走进人们的视线，已经是 20 世纪 50 年代。1953 年的秋天，一个汪姓古董商人拿着几件青铜兵器走进云南省博物馆请专业人员鉴定，博物馆的文物专家孙太初先生将这几件青铜兵器仔细地看了一番。

这些青铜兵器独特的形制和纹饰引起了孙太初的注意——与中原地区出土的青铜兵器有着明显的差异，很可能代表着某种鲜有人知的古代文化。于是孙太初将自己的思考向馆领导做了汇报。领导批示后，孙太初将这个古董商带来的青铜兵器悉数买下。然而当问及这些青铜兵器的出处时，古董商三缄其口，没给出一个明确的回答，这给调查和研究这批青铜兵器设置了障碍。

一个偶然的机会，让事情出现了转机。省文史馆的方树梅先生为孙太初提供了一条重要的线索——他听说过在他的家乡晋宁县（今昆明市晋宁区）的小梁王山一带曾经出土过类似风格的青铜器。

有了这一重要线索，孙太初内心十分振奋，于是向省博物馆提出建议，前往晋宁县实地调查一番。这次调查的确印证了方树梅提供的那条线索，只是具体地点有所出入，出土青铜器的地点确切来说应该是在小梁王山南侧的石寨山。据村中的老人介绍，村里有人去世后，都在这座小山安葬。村民们在这座小山上挖墓坑时，经常能挖出一些青铜器，多被当废铜卖到了昆明。

云南省博物馆鉴于这条重要线索，当即向上级部门提出申请，对石寨山墓区进行一次清理发掘，弄清这里的文物埋藏情况。也正是从这时起，石寨山这座其貌不扬的小山，带着一个被埋藏了 2000 多年的秘密，震惊了世人。

1955 年 3 月，云南省自新中国成立后的第一次科学考古发掘拉开了序幕。文物专家们组成的考古队开始了石寨山古墓群的第一次清理性发掘。这次发掘出土了各类青铜器上百件，成为当时轰动国内考古界的一次重大发现，立刻引起了国家文物局的高度重视。

1956 年，在国家文物局专项资金和设备的支持下，考古队很快启动了石寨山古墓群的第二次考古发掘工作。这次发掘历时两个月，较第一次规模更大，成果也更为显著。考古队员们共清理了 20 座墓葬，出土了包括青铜器、金器、铁器和各类玉石器在内的文物 3000 余件，其中以青铜器的数量最多。

在本次发掘工作的尾声，考古人员清理 6 号墓葬时，一组形态各异的玉片被发掘出来，引起了大家的注意。这些玉片刚刚出土时沾满泥土，经过简单清洗后才露出原貌。它们的形状和大小并不统一，有三角形、正方形、长方形以及不规则多边形等多种形态，一共有 166 枚，其中有 69 枚形制规整，在边角位置带有穿孔，97 枚未穿孔。穿孔的玉片中未发现金丝痕迹，推测大概是由丝线或麻线等穿缀而成，可能因为年代久远，这些丝线早已腐朽殆尽。

这些玉片到底是做什么用的呢？考古人员根据这些玉片上的穿孔，推测它们极有可能是连缀成“金缕玉衣”所用的玉片。但是，汉代帝王盛行的金缕玉衣所用玉片动辄数千枚，这区区 100 多枚玉片，根本不够连缀成一件完整的金缕玉衣。这成了萦绕在考古队员心中的一个谜团。

还让考古人员感到疑惑的是，这些玉片虽然不够制成玉衣，但明显也有着和玉衣相同的某种功能。那它们的主人会是谁呢？

幸运的是，这个问题的答案很快就由现场出土的文物予以解答。当考古人员清理 6 号墓的漆棺底部时，一小块包裹着泥土的方形物出现在孙太初的眼前。当他小心翼翼地清理掉上面的泥土后，发现竟然是一枚金光闪闪的印章。更重要的是，这枚金印上的文字虽然历经 2000 多年，依然清晰可辨。那是用工整的篆体字书写的 4 个汉字——滇王之印。

这一发现让现场瞬间沸腾起来，因为这无疑直接证明了石寨山 6 号墓的墓主人的身份，也直接解答了那 166 枚玉片的归属问题。至此，关于 6 号墓的很多推测也逐渐明朗起来，滇国这一神秘古国更是在被历史尘封了 2000 多年后，从传说变成了现实。

公元前 279 年前后，楚国的将军庄蹻（jué）率领军队经贵州中部向西南进攻，抵达滇池地区，并以武力征服了当地人。

没想到当他想要返回楚国报告时，秦国已经占领了楚国的部分地区，切断了他的归路。庄蹻自知即使回去，要么归顺秦国，要么与秦军兵戎相见，决一死战，而这两个结果都不是他想要的。经过一番思虑后，庄蹻最终决定留在这里，并建立了滇国。公元前 109 年，汉武帝在滇国设立了益州郡，向滇王赐予了金印，从此滇国成为西汉中央王朝的一个地方政权。这一时期，在西汉朝廷的政策和中原文化的综合影响下，滇池广大地区在政治、经济、文化等多个方面均取得了跨越式的发展。

因此，专家们推测，在石寨山这座滇王古墓中出土的百余枚玉片，正是滇王受汉文化影响，汲取汉朝帝王厚葬之风下的葬俗，仿金缕玉衣而自制的一种丧葬用玉，于是将它们命名为"滇王玉衣"。对于这一命名，学界也存在着不同的观点，认为它并不能像玉衣那般将逝者整体盛殓，最多只能覆盖住逝者的面部至前胸部分，因此将它称为"玉覆面"更为贴切。

神秘的古滇国留给我们的历史谜题还有很多，仍需要我们迈开探索的脚步，继续前行，在前行的路上去搜寻、去发现，在层层迷雾中不断接近历史的真相。

小贴士

云南省博物馆珍藏的这件"滇王玉衣"，由 166 枚玉片组成，揭开了古滇国的神秘面纱，证明了当时中原文化对滇国的影响，是印证双方文化交流的重要实物资料，对古滇国历史的研究有着极其重要的学术价值。

参考文献：

① 陈丽琼，马德娴. 云南晋宁石寨山古墓群清理初记 [J]. 文物参考资料，1957(4).

② 樊海涛. 石寨山第 6 号墓出土文物的科技考古与研究 [D]. 南宁：广西民族大学，2009.
③ 韦坚，邢毅. 滇国寻踪："青铜时代的云南"展览文物赏析 [J]. 文物天地，2017(8).
④ 梁英旭，董晓京. "滇王玉衣"名称及相关问题驳正 [J]. 文博，2020(3).
⑤ 张兴林. 古滇国政权的演进与消亡：一个必然的历史结局 [J]. 创造，2020(5).

16
世代封侯：明朝西南边陲的名门望族
——明金镶红蓝宝石冠

在云南昆明东南向约 20 千米的一处高原上，有一个叫作王家营的地方，早在明朝初年，这里曾是当时云南最高统治者沐英家族的庄田和营地。

1956 年，当地的一个农民偶然间发现了这里的一座明代古墓葬。考古人员赶到现场时，古墓中的随葬品已经被取出，所幸墓室保存情况还算完好。1963 年底，剩余的几座古墓被农民挖开。考古人员闻讯后，再次来到这里，进行了为期 10 天的发掘清理，取得了丰硕的成果。

这次发掘清理了 5 座墓葬，根据出土文物和墓志，考古专家确定了这几座墓的主人身份。他们是明朝开国元勋沐英的后代。这些沐氏家族墓印证了明朝建立后，沐氏一族奉旨镇守云南的一段历史。要走近这段历史，我们的故事还要从沐英讲起。

1345 年，沐英出生于濠州（今安徽凤阳）定远县的一户贫苦人家。父亲早早地离世，沐英靠母亲一人养育，贫寒的家境让他们的生活举步维艰。然而，这样贫穷而平淡的生活也并未长久。沐英 6 岁时，江淮一带爆发了红巾军起义，官兵前来镇压，战事不断，百姓们流离失所。母亲只好带着沐英远走他乡，躲避战乱，不料在逃难的路上撒手人寰，只留下孤苦无依的沐英四处流浪。

1352 年，沐英流浪到濠州城，被当时农民起义军的将领朱元璋收留，并认作义子。从此，沐英在朱元璋身边度过了童年时光。朱元璋不仅教他读书识字，还教他行军打仗。转眼间，沐英已经成长为一个堪当重任的年轻将领。18 岁时，沐英被朱元璋封为帐前都尉，镇守镇江。

1368 年，沐英跟随大军征战福建，他骁勇善战，有勇有谋，屡建奇功，随后朱元璋命他恢复了沐姓。洪武三年（1370 年），沐英被封为镇国将军，深得朱元璋的器重。此后的十几年间，沐英为大明王朝征战天下，立下赫赫战功。

1381 年，朱元璋在执掌大明王朝的第 14 个年头，开始了对云南地区元朝残部的清剿。朱元璋任命傅友德为征南将军，沐英、蓝玉为副将军，率领 30 万大军向云南地区进发。沐英率领军队冒着大雾行军，火速抵达了曲靖，犹如天降神兵一般，让戍守在这里的元朝将士大为惊骇。心思缜密的沐英，巧用妙计蒙蔽了敌军，使明朝军队轻松渡过了天堑白石江。双方在这一带展开了一场激战，明军生擒了元朝守将及 2 万多名士兵，声威大震，昆明不攻自破，元朝盘踞在云南的残余势力至此被彻底肃清。第二年，沐英与蓝玉又马不停蹄地领兵平定了云南大理一带段氏的割据势力。

1383 年，朱元璋召回了傅友德和蓝玉，命沐英独自镇守云南。在这期间，沐英发现云南地区地广人稀，很利于开垦屯田，于是向朱元璋呈递了奏折，并得到了批准。他让军队在空闲期间开垦荒地，大力发展农业生产。沐英还注重兴修水利，扩大滇池，疏浚河道，保证了发展农业必需的水利灌溉。同时，他还以屯田的增减作为考察官员政绩的方式，一时间云南屯政大兴，屯田总数百万余亩，粮食产量大幅度提升。

此外，沐英注意到云南地区山高林密，交通不畅，就开始大力修整道路，改善交通运输条件。随后，他又开始对外招商引资，通过降低赋税吸引大量的商人来这里开设店铺和作坊。在教育方面，沐英开设了许多学堂，并每月都对优秀的学生予以奖励。

沐英的这一系列举措使得当地的经济得到了快速发展，人民的生活得到了极大改善，当地呈现一派政通人和的盛世气象。朱元璋为此对沐英大加褒扬，对他说："自从你镇守云南，我在西南地区就没有什么值得忧虑的了。"

沐英深知自己能为大明王朝取得这些功绩，离不开少年时代朱元璋和他的夫人马皇后对自己的悉心照料和栽培。对此，他将养父母的恩情铭记于心。当马皇后因病去世的消息传来时，沐英悲痛万分，吐血不止，卧床数日。后来，他的好兄弟太子朱标去世，沐英的精神再遭重创，从此一病不起。两个月后，他在这个镇守了10年的地方溘然长逝，享年47岁。

沐英死后，长子沐春承袭了西平侯的爵位，继续镇守云南。此后，沐氏一族都在这里镇守，历传数代。在他们的治理下，云南呈现出一派繁荣的景象。自沐英被朱元璋追封为黔宁王，沐氏子弟承袭封爵，世代镇守云南，直至明朝灭亡，共计12代。

这次考古发掘的王家营2号墓和3号墓，正是沐英的后代沐崧和他的妻子徐氏的合葬墓。虽是合葬，两人的墓室却相互分离。在徐氏的墓室中，考古人员发现了一件异常华美的金冠。这件金冠呈半球形，由形如莲花瓣的薄金片相叠而成，共有4层。金冠上镶嵌着红、蓝、绿、白等各色宝石50多颗。金冠顶部插有一支如意形的嵌宝石金簪，沿顶簪两侧各插有一对镶红宝石和蓝宝石的笄，在佩戴时，用来将金冠固定在发髻上。

这顶金冠造型精致，铸造工艺复杂。明代金银工匠将锤揲、錾刻、镂空、镶嵌、焊接等多种工艺融于一体，才打造出这件色彩艳丽、华贵至极的金冠，反映了明代金器的精湛工艺水平和明代王侯家族的显赫与华贵。现如今，这件金镶红蓝宝石冠已入藏云南省博物馆，成为该馆的镇馆之宝之一。

500 年后，金冠上镶嵌的各色宝石仍闪耀着灼灼光辉，与金冠交相辉映，彰显着沐氏一族当年的显赫与荣耀。

小贴士

明金镶红蓝宝石冠是云南省博物馆的一件馆藏精品，由纯金打造，造型精致华美，工艺繁缛复杂，代表了明代金银细作工艺的高超水平，具有极高的文物价值和艺术价值。它是明代沐氏一族镇守云南的见证，对于研究明代云南的历史有着重要的学术意义。

参考文献：

① 张增祺．云南呈贡王家营明清墓清理报告 [J]．考古，1965(4).
② 杨慧中．朱元璋义子沐英家族两百年兴衰史考述 [J]．黑龙江史志，2012(22).
③ 李清升．沐英生平事略与国内研究概况 [J]．回族研究，2013(4).
④ 李建军．沐英镇滇事迹考 [J]．西南师范大学学报：人文社会科学版，2000(4).

17
神秘古滇国的祭祀神器
——战国牛虎铜案

在云南省博物馆展厅的一个独立展柜中，展示着一件造型奇特的青铜器，它的名字叫作“战国牛虎铜案”。这件牛虎铜案代表了云南古代青铜文明的巅峰水平，也是云南省博物馆的镇馆之宝。

铜案高 43 厘米，长 76 厘米，宽 36 厘米。整体造型由一大一小两头牛和一只猛虎构成。健硕的大牛是整件器物的主体，牛的四蹄作为铜案的四足，前后蹄之间以两道铜梁相连。牛首微扬，目视前方。粗壮的牛角向上飞翘，牛脊高耸，彰显着它的健壮与力量。牛背的线条自然下落，成为铜案的盘面。大牛腹部中空，下面的铜梁上横向站立着一头悠然自得的小牛，首尾稍微露出大牛腹外。大牛的尾部装饰着一只做攀爬状的猛虎。猛虎攀住大牛的后胯，张口咬住牛尾。猛虎身上铸刻着繁密而精美的花纹。

整件器物展现了猛虎扑咬，大牛见危险袭来，牺牲自己将牛犊护在身下的生动情景。这两牛一虎比例和谐，充分展现出大牛的雄壮和老虎的凶猛，十分传神。从铸造工艺上看，大牛与猛虎是用模范浇铸，一次成型，小牛则是另外单独铸成，然后再用焊接工艺安置在大牛腹下，展现了古人精湛的青铜制造技术。

这件铜案的造型构思非常巧妙和新颖，既展现了中原器物的特征，又兼有浓郁的地方器物特点和民族风格。铜案以大牛丰硕的颈部肌肉和伸向前方的粗壮牛角将器物的重心前移，给人以极不稳定的动感，又巧妙地以尾部后仰的猛虎将前移的重心拉回，使案身保持了平衡。同时，腹下的小牛又进一步增加了铜案的稳定性。这种设计实现了力学与美学上的巧妙平衡，使铜案成为中国古代青铜器中的一件旷世奇珍。

这样一件青铜珍宝，是如何被发现的呢？让我们把时光倒回到 20 世纪 60 年代。1966 年 11 月间，云南省江川县（今玉溪市江川区）龙街公社早街生产队的社员，在李家山西南坡一带修梯田，意外挖出了一些青铜器、玉石、玛瑙等古代文物。江川县委很快将这一情况转告给了云南省博物馆。

云南省博物馆接报后，与龙川县文化馆一起对出土文物的地点做了初步的清理工作，并回收了部分出土文物。经过对现场的调查分析，文物工作者初步判断，这一带是一处密集的古墓区，因此先行对这里进行了妥善的保护。

1972 年 1 月，考古人员开始了对李家山古墓群的正式发掘。这次考古发掘工作持续了 60 多天，共发掘古墓 27 座，出土了大量的文物，其中青铜文物多达 1000 余件，取得了丰硕的成果。根据出土物和葬制形式判断，专家们得出了初步的结论，这片墓区出土的文物，来自 2000 多年前的神秘古滇国。

滇国是中国古代在西南边疆的少数民族建立起来的一个政权，疆域范围大概在今天的云南滇池一带。在史书中，关于古滇国的记载可谓寥寥，仅在司马迁的《史记》中，能找到它的些许身影，因此古滇国留给世人的是无尽的神秘感。而李家山古墓群的这批古墓，则为我们提供了一把打开这个消失了千年的神秘古国大门的钥匙。

在这次发掘清理的 27 座古墓中，以 24 号墓的墓坑规模最大、出土随葬品最多。考古人员在这座墓中发掘出土了包括青铜器立牛葫芦笙、五牛针线盒、立牛铜壶等精美文物，以及一些青铜器残片。

从文物的精美程度可以推测，这座墓的墓主人身份一定非比寻常。他到底是谁呢？考古人员带着这个疑问，仔细观察了这座墓中出土的每一件文物，然而并没有找到可以证明墓主人身份的有效信息。

考古人员只好将目光转向了随同这批青铜器出土的那些铜器残片，寄希望于将之修复后，能获取一些有价值的线索。文物修复专家用了一年的时间，才将这些残片复原成一件整器。当这件整器展现在人们面前时，立即引起了一片赞叹之声。它就是云南省博物馆珍藏的这件战国牛虎铜案。

这时，又一个疑问浮现在专家们的脑海中。连同这件牛虎铜案出土的其他青铜器，有不少都是以牛作为装饰，这是一个巧合吗？经过深入的研究和分析，专家们初步得出了答案。

原来在古滇人的眼中，牛代表着财富和生命。老虎作为百兽之王，是权威的象征。这件铜案如实地反映了古滇国贵族阶层的意志。同时，又以虎食牛、牛护犊这一场景，展现了古滇人对生命和财富的思考，表达了他们对风调雨顺、牲畜繁衍、国泰民安等愿望的渴求。

《左传》中记载，“国之大事，在祀与戎”。在古人看来，对于一个国家而言，祭祀与战争占有同等重要的地位。这一点，西南边陲的古滇国与中原各国保持了高度的一致。在古滇人看来，万物皆有灵，因此宗教祭祀是他们精神生活的一个重要组成部分。

古滇人希望通过庄严隆重的祭祀活动取悦神明，从而得到神明的庇护。在祭祀时，他们将自认为最珍贵而美味的食物当作祭品，各类肉食便是古滇人眼中进奉给神明的最好的祭礼。常被用作祭品的肉类有牛、羊、猪，被称为“三牲”。其中，以牛最为珍贵。既然牛在古滇人心目中的地位如此重要，就不难理解为何 24 号墓中出土的这批青铜器，多以牛为装饰了。而这件牛虎铜案，更是以牛为主体造型，足见古滇人对牛的重视程度。

据专家介绍，牛虎铜案，确切来说应称作“牛虎铜俎（zǔ）”。“俎”是古代祭祀时盛肉的器物。古滇人将象征着尊贵的牛头盛放在牛虎铜俎上作为祭品，以向神明表达自己的虔诚。因此，专家们推测，能有资格使用如此精美礼器的人，很有可能是一位王室的成员，甚至就是滇王本人。

以这件牛虎铜案为代表的这批古滇国青铜器，是中华青铜文化中的一朵奇葩，既印证了古滇国与中原地区的文化渊源，又展露出鲜明的民族风格，对于研究古滇国历史有着重要的价值。1995 年，牛虎铜案被国家文物局评定为国宝级文物。

凝望着这件国之瑰宝，感叹它构思精妙和内涵深刻的同时，眼前似乎浮现出 2000 年前古滇人盛大的祭祀场面。人们虔诚地膜拜着神明，祈祷着风调雨顺、六畜兴旺。铜案之上，盛放着古滇人心中最美好的希望。

小贴士

这件战国牛虎铜案是云南省博物馆的镇馆之宝，它造型奇特，构思巧妙，工艺精湛，堪称中国青铜文化中的杰出作品，代表了云南地区青铜文化的巅峰水平，具有极高的艺术价值和文物价值，是研究古滇国历史文化的重要实物资料。

参考文献：

① 云南省博物馆. 云南江川李家山古墓群发掘简报 [J]. 文物, 1972(8).
② 张增祺，王大道. 云南江川李家山古墓群发掘报告 [J]. 考古学报, 1975(2).
③ 张喜云. 牛虎造型，滇中奇葩：李家山牛虎铜案雕塑造型特征解读 [J]. 民族音乐, 2019(2).
④ 曹晓敏，陈艳. 青铜器“牛虎铜案”图像的文化符号表征研究 [J]. 西部皮革, 2021(10).
⑤ 叶之声. 云南青铜文明之巅：牛虎铜案 [J]. 创造, 2021(1).

云南省博物馆

18 大鹏金翅：苍山洱海的守护神
——银鎏金镶珠金翅鸟

在云南大理的苍山脚下，有一座名为“崇圣寺”的寺院。这座古寺始建于唐文宗开成元年（836年）（另有一说建于唐开元年间），鼎盛于宋代，毁于清朝咸丰、同治年间，而寺前的三座古塔则幸运地留存了下来，在苍山洱海之间屹立了千年的漫长时光。东边的古塔名为“千寻塔”，是三座古塔中最高大的一座，在这里曾经发现过一批极其珍贵而精美的历史文物。另有两座小塔分列在千寻塔的南北两侧，与千寻塔呈三角形排列。

这三座古塔建成的具体时间尚待考证。当地的方志史料所记载的时间也并不统一。专家们根据寺内铜钟铭文及其他史料推测，千寻塔有可能建造于9世纪南诏晚期，相当于唐朝后期，而它南北两侧的小塔约建于大理国时期，相当于宋代。

这三座砖塔在这里屹立千年，饱经雨雪风霜的侵蚀，也见证了王朝的兴衰与更迭，虽屹立不倒，却也早已失去了往昔的容颜。1925年，一场突如其来的地震袭击了大理，强烈的地震波震落了千寻塔的塔顶。

1978年，当地文物部门决定对三座年久失修的古塔进行加固维修，同时清理塔顶、塔基的历史文物。在这次发掘清理中，考古人员发现各种文物680余件，在考古界引起了不小的反响。

在这批珍贵文物中，有一件银鎏金镶珠金翅鸟造型绝美，堪称云南古代佛教艺术的杰出代表。被发现时，这件金翅鸟被放置在主塔一件经幢内，专家推测它是在宋代大理国时期，重修主塔塔刹时被放进去的。如今它被收藏在云南省博物馆，成为该馆的一件馆藏珍品。

这件金翅鸟的材质是银，上面饰以鎏金装饰，通高 18.5 厘米，重 125 克，体态雄健，生机勃勃。鸟头装饰有羽冠，鸟颈细长，翅膀向内卷，呈振翅欲飞的姿态。双爪锋利有力，立于莲座之上。尾身之间插有镂空的火焰形的背光，上面嵌有 5 粒水晶珠，与通体鎏金的金翅鸟交相辉映，光彩夺目。

据文物专家介绍，大理国的金银工匠在制作这件金翅鸟时，运用了铸造、锤压、錾刻、焊接、鎏金、鎏银、镶嵌等多种复杂的工艺。工匠先分别锤刻出金翅鸟身体的各个部分，然后刻划出它的羽毛及各种纹饰，再将各个部件焊接为一个整体，并通体施以鎏金装饰，最后再在背光及身体上镶嵌上晶莹剔透的水晶珠。

金翅鸟精细的工艺和精美的造型，让人不能不为之赞叹，它不仅反映了古代工匠精巧的构思，也代表了大理国金银器工艺的高超水平。

大理国为什么要精工细作这样一件极其精美的金翅鸟呢？带着这个疑问，让我们一起穿过历史的迷雾，走近 1000 年前的那个边陲古国。

隋末唐初，云南洱海地区有 6 个势力较大的部落，被称为“六诏”，“诏”则是王的意思。其中蒙舍诏在其他五诏之南，被称为南诏。后来，南诏在唐王朝的支持下统一了六诏。794 年，南诏首领被唐王朝敕封为南诏王。南诏晚期，由于频繁发动战争，赋役繁重，生产凋敝，各种矛盾激化。902年，权臣郑买嗣利用民怒沸腾之机，杀死当时的南诏王，夺取王位，改国号“大长和”，南诏灭亡。

928年，杨干贞灭郑氏，拥立赵善政，改国号“大天兴”。天兴国仅存在10个月，929年，杨干贞废赵氏自立，又改国号为“大义宁”。杨干贞“贪虐无道，中外咸怨”，937年，段思平联合滇东三十七部的反抗势力，驱逐杨干贞，自立为王，改国号为“大理”。此后，他励精图治，努力发展生产，使大理国的经济得到很大的发展。

相传大理国所在的地区在很久以前是一片泽国，因有恶龙长期盘踞于此，洱海水患不断。时常被洪水袭扰的大理百姓生活苦不堪言。佛祖悲悯众生，就指派迦楼罗来到这里降服恶龙，镇住水患。一天，人们正在汪洋之中苦苦挣扎的时候，一只长着尖喙利爪的金翅大鸟从天而降，与恶龙展开了殊死搏斗。经过一番昏天暗地的激战，金翅大鸟最终战胜了恶龙，平息了水患，挽救了大理的百姓。从此，金翅鸟被这里的人视为保护神，受到了人们的顶礼膜拜，并被尊称为“大鹏金翅鸟”。

金翅鸟在梵语中称为“迦楼罗”，传说原是一种非常凶猛的大鸟，以龙为食，可除水患，后来皈依佛法，是佛教护法中的天龙八部之一。金翅鸟的形象最早出现在印度史诗《摩诃婆罗多》中，对它形貌的描述是一种人与鸟的合体——人面、鸟嘴、羽冠，腰部以上为人身，以下为鸟身。佛教的创立吸收了印度教的神祇文化，将金翅鸟这一形象纳入佛教体系中。佛教传入中国以后，又与中国的本土文化相结合，逐渐融入中国的民族文化中，金翅鸟的形象也随之发生了改变。

实际上，大理国自建立以来，举国上下皆信奉佛教，多位国君在暮年时禅让王位，出家为僧。在这样一个佛教信仰氛围浓郁的国家，迦楼罗作为佛教中的护法，凭借能消除水患的神力自然备受人们的敬畏和崇拜。因此，大约1000年前的大理人虔诚地将这件金翅鸟放入经幢，置于千寻塔的塔顶之上，时常供奉，希望以它的神力来遏止水患，求得风调雨顺，国泰民安。

时至今日，金翅鸟对大理的人们仍存在着深远的影响。当地的年轻女孩俗称“金花”，年轻男孩则称“阿鹏”，大理人以这两个与大鹏金翅鸟息息相关的称谓，来表达对美丽与勇敢的向往和追求。

这件银鎏金镶珠金翅鸟不仅反映了大理国百姓的精神信仰，成为唐宋时期云南地方文化的重要见证，也揭示了佛教文化与中国本土文化融合发展的过程。

也许，在1000年前的大理人心中，那振翅欲飞的金翅鸟，会迎着朝阳，追着晚霞，在苍山洱海间翱翔，守护着人们栖居的这片热土，透过它宽大的双翅，在人间洒下一片祥和的万丈金光。

小贴士

云南省博物馆珍藏的这件银鎏金镶珠金翅鸟，造型奇美，工艺复杂，做工精湛，展示了大理国金银器工艺的高超水平，堪称云南佛教艺术的杰出代表，是中国古代金银器中不可多得的珍宝，是研究大理国时期历史文化的重要实物资料。

参考文献：

① 黄如英. 崇圣寺三塔 [J]. 文物，1978(10).
② 邱宣充. 大理崇圣寺三塔主塔的实测和清理 [J]. 考古学报，1981(2).
③ 王永胜. 大理国鎏金镶珠银质金翅鸟 [J]. 今日民族，2006(2).
④ 年糕. 宋大理国银鎏金镶珠金翅鸟 [J]. 环球人文地理，2020(1).
⑤ 陈金珊. 镇水佑民海不扬波：银鎏金镶珠金翅鸟 [J]. 创造，2021(3).

19 财富意象：古滇贵族的存钱罐
——四牛鎏金骑士铜贮贝器

位于云南省昆明市晋宁区的石寨山古墓群，是战国至东汉初滇族的墓地，现在已经成为全国重点文物保护单位。1955 年至 1960 年，考古工作者在这里先后进行了 4 次大规模的考古发掘，清理古代墓葬 50 座，出土 4000 余件珍贵的历史遗物，取得了丰硕的成果。

在这些出土文物中，有一类筒形带盖的青铜器十分特别，在世界青铜器中独树一帜，具有鲜明的地域特色。出土时，这种器物里多盛放有大量的海贝，因此考古专家为这种青铜器命名为“贮贝器”。

顾名思义，贮贝器就是一种用来收存海贝的容器，由器身和器盖两部分构成，器盖上往往带有繁复的动物、人物等雕塑装饰物。从目前的文物出土情况来看，贮贝器只在古滇国的大中型墓葬中出现过。然而云南地处内陆，并不产海贝，这些海贝是从哪里来的呢？古滇国人贮存的这些海贝又是用来做什么的呢？

古滇国创造了独特的文化，反映在历史遗物上，青铜贮贝器堪称极具代表性的一个表现。可以说青铜贮贝器见证了古滇国的兴衰，它以直观的立体雕塑装饰，真实地反映了古滇国的社会生活场景，被誉为一部无字的史书。

贮贝器的出现，是以大量海贝的出现为前提的。海贝，正是古滇人用来买卖交易的货币。这些海贝产自印度洋和太平洋热带地区，对于滇池一带的滇国来说，海贝是十分稀有的。当时的印度、缅甸、泰国等沿海国家以贝币作为贸易用的货币。而滇国与这些国家进行贸易活动时，使用的也是这种贝币。

古滇国人将商品交换得来的贝壳当作货币使用，除了用于对外贸易，贝币在滇国内部也同样可以流通，用来交换日用品或牲畜等。考古资料显示，在石寨山古墓群出土的海贝就多达 14.9 万多枚，可见贝币在古滇人日常生活中的重要性。随着大量贝币流通到铜矿蕴藏量极为丰富的滇国境内，贮存贝币的青铜容器也就应运而生了。从形制上看，贮贝器造型多样，总体上可分为 5 类，但所具备的共同特征都是在器盖上装饰立体雕塑。

贮贝器是古滇国特有的一种青铜器，反映了古滇国独特而丰富的文化内涵。器盖是古滇国工匠对贮贝器重点装饰的部位，多以失蜡法铸成规模宏大的立体雕塑装饰物。装饰物的题材广泛，主要以人物和动物为主。人物题材多表现战争、祭祀、狩猎、生产等场景，主要人物一般都更为高大，以凸显出他与众不同的身份地位；动物类题材最常见的是站立的牛，此外还有虎、鹿、狗等。在实际应用时，人物题材和动物题材往往会搭配出现。这些立体雕塑装饰，仿佛是描绘古滇国社会风貌的生动画卷，显示了极高的工艺水平。

在石寨山出土的贮贝器中，有一件西汉时期的四牛鎏金骑士铜贮贝器，造型精美，装饰华丽，现在收藏在云南省博物馆。

这件贮贝器出土于石寨山 10 号墓，通高 50 厘米，盖径

25.3 厘米，整体呈束腰圆筒形，这是石寨山贮贝器中比较典型的一类。器身的两侧铸有一双对称的虎形器耳。老虎的虎口大张，露出獠牙，好像在怒吼一般。虎尾自然下垂，四肢强劲有力地攀住器壁，呈现出向上攀爬的姿态。器底平整无弧度，底下有 3 个虎爪形的器足支撑着整件器物。

最引人注目的是器盖上的雕塑装饰。器盖正中最醒目的位置立起一根铜柱，上面是一个近似椭圆形的托盘。托盘上铸有一位骑着战马的武士，专家推测他可能是一位滇国的贵族成员。他头上梳着髻，身穿一件短袖长袍，腰上扎着束带，左侧佩戴着一柄带鞘的短剑，下身穿一条窄裤，赤着脚骑在马上，通体鎏金，与器身的颜色形成鲜明对比，显得金光灿灿，光彩夺目。骑士所骑乘的战马昂首站立，马尾上扬，威风凛凛。

骑士四周是 4 头健硕的公牛。它们排列疏密有致，在器盖上呈沿着逆时针方向行进的姿态。每头牛的双角卷曲前伸，孔武有力。牛头微偏，仿佛在密切关注着器壁上正在向上攀爬的猛虎的一举一动。

整件器物仿佛描绘了猛虎准备伏击公牛，而公牛蓄势准备反击的场景。那位鎏金骑士则是牛群的守护者，他的上身微微前倾，好像随时就要跃马奔腾，将猛虎驱离一般。

根据文物专家的解读，在石寨山出土的实物资料中，以牛为装饰的文物颇为常见。因为在以农耕为主的古滇人看来，牛是财富的象征。这件贮贝器以牛为装饰，正是为了彰显其主人雄厚的财力。

此外，鎏金骑士身穿华丽的服饰，腰悬佩剑，说明他有着非同一般的身份地位。他很可能就是墓主人的形象，生前手中握有大权，并拥有大量财富。以此来推测，石寨山 10 号墓的墓主人生前不是古滇国的一位王族成员，就是一位奴隶主贵族。

古滇国的能工巧匠，以奇巧的构思和敏锐的观察，捕捉到这一生动的场景，并用青铜将它永远定格在浩瀚的历史中，后世的我们才能欣赏到如此精美的艺术瑰宝，才能透过它感受神秘古滇的独特魅力。

小贴士

云南省博物馆珍藏的这件四牛鎏金骑士铜贮贝器，造型精美，构思巧妙，是古滇国贮贝器中较为典型的代表器物，具有极高的艺术价值。同时也为研究古滇国的社会生活、金属冶炼和宗教习俗等提供了极为珍贵的实物资料。

参考文献：

① 李金莲．云南古代滇池地区青铜文化中的贮贝器综述 [J]．楚雄师范学院学报，2005(2)．

② 樊海涛．云南古代贮贝器艺术 [J]．长江文明，2010(3)．

③ 韩恩瑞，邹颖．试论滇文化青铜贮贝器的“纪念碑性”[J]．曲靖师范学院学报，2014(1)．

④ 叶之声．无声的史书：四牛鎏金骑士铜贮贝器 [J]．创造，2021(2)．

⑤ 吴艾妮，叶荣波．滇文化用贝习俗分析 [J]．四川文物，2013(6)．

西藏博物馆

20 雪域瑰宝，元代帝师
——布画八思巴肖像唐卡

唐卡，藏语音译，即卷轴画。是以布、丝绸或纸为地，刺绣或手绘的富有藏民族特色的艺术形式，被称为藏族的“百科全书”。唐卡题材广泛，以佛教内容为主，也有反映藏族历史和民族风情的。唐卡具有鲜明的民族特点和浓郁的宗教色彩。

唐卡讲求用明亮的色彩来表现画面内容。为了保证色彩的明艳，传统唐卡所用颜料全部取自金银、珍珠、玛瑙、珊瑚、松石等珍贵的矿物以及红花、蓝草等植物。这些天然的颜料既保证了唐卡色泽的鲜艳，又彰显了它的尊贵和神圣。即使历经漫长的时光，它的色泽仍明艳如初，是中华民族绘画艺术中当之无愧的珍品。

除了颜料考究，传统唐卡的绘制也极为严格和复杂，工序繁多，包括绘制前举行的仪式、画布的制作、构图起稿、着色染色、勾线定型、铺金描银、开眼、缝裱开光等一整套工艺程序，而且这些工序必须按照经书上的仪轨和上师的要求进行。因此，传统唐卡的制作周期一般也很长，少则数月，多则数年，有时甚至需要 10 多年才能完成一幅。

唐卡的历史可追溯至唐朝初年，伴随藏传佛教的广泛传播而产生。相传吐蕃赞普松赞干布是第一幅唐卡的创作者。他用自己的鼻血绘制了白拉姆（藏传佛教中护法神之女，吉祥天女）画像，由文成公主亲自装裱，并由果竹西活佛藏入白拉姆女神塑像腹内。但这毕竟是传说，真实性仍待考证。

从藏族绘画艺术的发展轨迹来看，最早可以追溯到四五千年前的卡若新石器时代。考古人员在卡若文化遗址中的陶器上曾发现了黑彩绘成的三角折线和三角图形，这些简单的图形被视为唐卡艺术的萌芽。吐蕃王朝时，绘画艺术已经日臻成熟。研究显示，唐卡这种绘画形式，最晚在 7 世纪中期就已经出现，距今已有 1300 多年的历史。到了 11 世纪至 15 世纪这个阶段，唐卡艺术的画风受外来因素的影响较大，在长期的发展中，唐卡经历了兴衰，融合了多方的艺术特点，逐渐形成了多种不同的绘画风格，其中一种是尼泊尔画派。

7 世纪松赞干布迎娶尼泊尔的尺尊公主时，尼泊尔的一些艺术家也随同公主来到西藏，他们将尼泊尔的艺术风格与西藏本土艺术相融合，逐渐形成了唐卡艺术中的尼泊尔画派。这个流派的唐卡偏向以暖色调为主，在构图和布局上，往往将主尊置于画面中央的位置，占有很突出的地位，护法诸尊则被安排在四周整齐的小方格内。画面人物形象较为简单，衣着少而单薄，佩戴的饰物则有较强的沉重感。

西藏博物馆珍藏的这幅布画八思巴肖像唐卡，就是一件十分难得的尼泊尔画派的经典作品。这幅唐卡长 270 厘米，宽 148 厘米，在绢布上绘制而成。画面中央的主尊是八思巴，国字形脸，平头黑发，细眉大眼，双目凝重，鼻梁隆正，口唇红润，神态庄严肃穆。画面中的八思巴身穿三法衣，右臂袒露在外，右手当胸结说法印，左手置于腹部结禅定印，双足交叠，端坐在仰覆莲花月亮宝座上。主尊八思巴四周满绘萨迦派道果师徒传承，人物众多，神态各异。这幅唐卡作品构图严谨，时代久远而色泽明艳，绘制技法考究，反映出极高的艺术水平。

1235年，八思巴出生在西藏萨迦县的一个贵族家庭，因为这一年是藏历木羊年，故得小名“类吉”，也就是“小羊人儿”的意思。而八思巴这个名字，在藏语中是“圣者”之意。这个名字的由来，和他的天赋异禀有着莫大的关系。据说他自幼天资聪慧，声律、医学、星象、佛学等学问无师自通，3岁时就会口诵真言，人们颇为惊讶，纷纷称他为“八思巴”。

这时蒙古正强势崛起，向四方征战扩张。1240年，蒙古王子阔端率大军攻入西藏。1244年，阔端写信给西藏高僧萨迦班智达，也就是八思巴的伯父，邀请他前往凉州（今甘肃武威），商谈西藏归附蒙古汗国事宜。与其说邀请，不如说是威胁。萨迦班智达为了避免西藏生灵涂炭，只好动身前往。这次远行，他带上了刚刚10岁的八思巴和八思巴的弟弟。

西藏归附蒙古后，萨迦班智达带着两个孩子留在了凉州。后来，萨迦班智达在凉州城幻化寺圆寂，16岁的八思巴成为幻化寺的第二任住持，继承了萨迦教派的首领之位。

1253年，忽必烈抵达六盘山，邀请八思巴会面。这次会面，双方因去西藏摊派兵差一事发生了激烈的争论。忽必烈的皇后察必从中调停，才打破了僵局。后来，忽必烈又以“吐蕃何时有王”一事诘问八思巴，并以“虚妄之言”揶揄他。八思巴精通历史，以松赞干布与唐王朝时战时和的史实予以说服，最终以广博的学识赢得了忽必烈的敬重，并被其拜为上师。

有趣的是，这两位人杰，在关于“上师坐上座”一事上，又发生了分歧。八思巴作为上师，认为理应坐上座，而忽必烈认为自己是一国之主，上座之位不能让与他人，且于颜面上也不好看。这时，察必又出来打圆场，以人少时上师坐上座，人多时汗王坐上座的建议解决了分歧。

1260年，忽必烈在部分诸王的拥戴下，即可汗位。八思巴被忽必烈封为国师，赐了玉印，并被委任统领全国的佛教。忽必烈早已认识到统一的文字对巩固统治的重要性，而此前蒙古人先后使用过很多种文字，却唯独没有属于自己的文字，他便将这个任务交给了八思巴。

1269年，八思巴经过多年的摸索和研究，成功创制了蒙古新字，这种文字也被称为“八思巴文”，随后被颁行使用，成为元代的官用文字。1270年，忽必烈为了表彰八思巴的卓越贡献，授予了他“帝师”的尊号。1280年，八思巴在萨迦寺圆寂，享年45岁。他一生追随在忽必烈左右，致力于国家统一大业，为保持雪域高原的和平稳定，以及促进藏区与内地的文化交流做出了卓越的贡献。

小贴士

西藏博物馆珍藏的这幅布画八思巴肖像唐卡，是尼泊尔画派唐卡的杰出作品，也是无比珍贵的艺术瑰宝。这幅唐卡构图严谨，色彩明艳，绘制技法考究，展现了极高的艺术水平，对于研究唐卡艺术和西藏历史文化有重要的意义。

参考文献：
① 张娟．谈唐卡的绘画流派与内容 [J]．现代装饰：理论，2013(3).
② 白玛达瓦．浅析藏族唐卡流派历史及特点 [J]．西藏艺术研究，2019(3).
③ 黄春和．试论古代唐卡艺术的历史演变及风格特征 [J]．文物天地，2020(7).
④ 萨迦·达钦阿美夏，陈庆英．萨迦世系史·八思巴生平 [J]．西藏研究，1986(1).
⑤ 古文义．八思巴及八思巴文 [J]．青海民族学院学报，2000(1).

陕西历史博物馆

21 唐代遗宝：求告上苍的敬神信物
——赤金走龙

龙，是中国古代先民创造出的一种能兴云作雨的神异动物形象。古时的人们在遭遇干旱时，总会举行庄严而盛大的祭祀活动，希望以这种虔诚的仪式求得龙王普降甘霖，解救众生。在古典名著《西游记》中，就有孙悟空请龙王降雨的情节。在中国古典文学里，与龙有关的故事和传说不胜枚举。经过漫长的历史发展，龙已经成为中华民族的精神图腾和象征，代表着自强不息、独立进取，有着极为丰富的文化内涵。

在人们普遍的印象中，龙能腾云驾雾，气势磅礴。然而，陕西历史博物馆里收藏的 6 条金龙（1975 年 9 月，12 条金龙中的 6 条被盗，至今未追回）却十分小巧玲珑。说到这些小金龙的来历，我们就要把时光倒回到 1970 年的西安。

1970 年 10 月 5 日这天，在陕西西安南郊何家村的一个基建工地上，工人们正在忙碌地施工。这时，有人一铁锹下去，觉得好像碰到了什么硬东西，他小心地将土拨开，没想到竟然挖出了一个大陶瓮，里面装了好多金银器皿。工人们知道从地里挖出的文物都应该上交给国家，于是立即将此事报告给了当地的文物部门。陕西省博物馆（今陕西历史博物馆）的考古人员随即来到现场开展调查工作。10 月 11 日，在距离第一个陶瓮的发现地点不远处，考古人员再次挖出了一个大陶瓮，里面也装着不少金银器和玉器。在这件陶瓮旁边，考古人员还发现了一个银罐，里面就装着这 12 条小金龙。文物专家经鉴定和断代，确认这些小金龙均产自唐代，距今已经有 1000 多年的历史了。

这些小金龙大小基本一致，由纯金打造而成，高度在 2.1 厘米至 2.7 厘米之间，身长 4 厘米左右，重量 4 克左右。因为有银罐的保护，即使历经千年，外部环境也未对它们造成过多的损毁。出土时，它们仍保存完好，金光熠熠，十分惹人喜爱。

这些小金龙身形小巧，长吻曲颈，身细尾长，尾巴自然下垂，末端向上回勾。龙头微微昂起，龙角向后弯曲。四肢纤细而有力，支撑着整个身体，呈现站立之姿。整体看来，它们都显得十分纤细瘦小，与人们印象中那些威风凛凛、凶猛无比的龙截然不同。

这些小金龙均被唐代的工匠做成了行走的姿态，但每条小金龙的身姿和步态又各有差别，文物专家们因此为它们命名为“赤金走龙”。仔细观察可以得知，唐代的工匠们先用金条分别做出龙的躯干、尾巴和龙角，然后将它们组装在一起，最后用錾（zàn）子錾刻出龙鳞。制作手法简练，却生动形象地展现出龙的体貌特征，足见唐代金银细作工艺的高超水平。

唐代是我国历史上国力极为强盛的一个朝代，无论是政治、经济，还是科技、文化，都在世界上处于领先地位。经济文化的大繁荣，极大地促进了手工业的发展，其中颇具代表性的，就是金银细作工艺。

唐代的金银制造业，从采矿到冶炼，再到加工，形成了一整套完备的工艺体系。仅金饰加工就有销金、拍金、镀金、织金、泥金、镂金、贴金、嵌金等 14 种工艺。这些小巧的金龙，正是诞生于这样一个金银加工工艺繁荣发展的时代。

让人觉得疑惑的是，唐代的工匠为什么要制作出这么多体量如此之小的金龙呢？它们究竟有什么神奇的功用呢？

在唐代，金龙被视为祥瑞之物，既是皇权的象征，也可以消灾避邪。众多专家学者仔细研究后推测，这些小金龙很有可能是当时在“投龙仪式”中所使用的“法器”。

投龙仪式，是古代帝王举行的一种道教祭祀活动，源于道教的天、地、水“三官”信仰。古代帝王将金银宝器埋进土中以祭山陵，沉入水里以祭湖海，在这一埋一沉间，向上苍表达无限的敬意，以期在神明的护佑下，风调雨顺，国泰民安。

唐代时的道教进入了一个兴盛发展的阶段。李唐皇室将道家学派创立者老子（李耳）尊为远祖，道教也因此一跃成为地位尊崇的“国教”。皇室崇信道教具有求福禳（ráng）灾的神奇功效，因此对道教的祭祀活动极为重视，沉埋金龙玉简这种仪式逐渐形成并固定下来。

在举行仪式时，帝王会将心愿书写于文简上，将其与玉璧、金龙等宝器用青丝捆扎在一起。仪式完毕后，将这些宝器投向山川、水里或埋入土中，以此作为敬神的信物。这个仪式也被称为“投龙简”。

唐代的道教投龙以唐高宗为肇始。相传唐高宗在位时，曾在漓山下的龙潭中投了一条金龙。此后每年若有旱灾需要请雨，潭中的金龙多有求必应。唐代帝王以这种充满神秘色彩的宗教仪式，寄托着自己得道成仙的愿望，以及对江山社稷的美好祝愿。

据专家分析，这些赤金走龙的主人，有可能是武则天的孙子——邠（bīn）王李守礼。还有一种观点则认为，它们的主人是唐德宗时的租庸使刘震，但赤金走龙并非他个人的财产，而是归官家所有。783 年，长安城爆发了“泾原兵变”。泾原镇的士卒攻陷了长安，唐德宗仓皇出逃到奉天（今陕西乾县）。为了躲避乱军的劫掠，负责管理官府财物的刘震，情急之下只好将一批奇珍埋入兴化坊附近的地下。

叛军朱泚（cǐ）攻占长安后，在大明宫称天子，建号大秦。未来得及逃走的刘震被迫做了叛乱者的官员。三年后，唐军收复了京师，平定了叛乱，而刘震夫妇却被唐德宗以“与叛军为伍”之名处决，他当年埋藏下的这批金银宝器成了无人知晓的秘密，就这样在地下深埋了 1000 多年。

时光飞逝，日月轮转。在一个偶然的机缘下，何家村遗宝得以重见天日，一举惊艳了整个世界。那些纤细小巧的金龙，并没有随着光阴的流逝而黯淡，仍旧以金光熠熠的姿态出现在后世人的面前。

小贴士

陕西历史博物馆收藏的 6 条赤金走龙为唐代金制品，十分罕见，尤其这种小型的金走龙更是首次发现。它们造型生动，充分展示了盛唐工匠丰富的想象力和创造力，同时反映了唐代道教的兴盛发展，为研究唐代道教提供了宝贵的实物资料。

参考文献：

① 吴婉莹．何家村窖藏出土的金银器装饰纹样研究 [D]．西安：陕西师范大学，2017.

② 张泽洪．唐代道教的投龙仪式 [J]．陕西师范大学学报：哲学社会科学版，2007(1).

③ 谢一峰．唐宋间国家投龙仪之变迁 [J]．宋史研究论丛，2015(1).

④ 齐东方．何家村遗宝的埋藏地点和年代 [J]．考古与文物，2003(2).

陕西历史博物馆

22 调兵密码：牵动战场风云的方寸之物——杜虎符

在中国的先秦时期，诸侯的儿子被称作“公子”。战国时，魏国的公子魏无忌是当时列国公子中最有贤德的一位，也叫信陵君。信陵君虽出身高贵，却求贤若渴，待人真诚而谦逊，因此很多能人异士投其门下，为其效力，侯嬴便是他三千门客中的一位。

公元前 257 年，秦国的虎狼之师大举进犯赵国。赵都邯郸被围，守城将士坚守了三年，城内粮草严重不足，内无供给，外无援兵，沦陷之日近在咫尺。面对强秦大军，赵国的公子平原君曾多次向信陵君求救，希望魏国能发兵驰援，以解赵国的亡国之危。因为信陵君的姐姐正是平原君的夫人，赵魏两家有这样的姻亲关系，面对强秦的进犯，理应同仇敌忾。

然而，本已派将军晋鄙率十万大军援救赵国的魏王，受到秦国的恐吓，担心引火烧身，援赵不成，再亡于秦军之手，便下令魏军驻扎在边境，不得擅自出战。但此时赵国命悬一线，焦急万分的信陵君苦无良策，只好决定自己组织兵马驰援赵国，与秦国大军拼死一战。

门客侯嬴听说了信陵君的计划后，不客气地批评他此举无异于以卵击石，同时还给他出了一条锦囊妙计。原来信陵君曾帮魏王的宠妃如姬报了杀父大仇，如姬苦于一直没有机会报恩。侯嬴的计策是让如姬盗取魏王收在卧房里的虎符，然后由信陵君假扮成接替晋鄙的将军，凭虎符骗取军队的指挥大权，再去援救赵国，才更稳妥。信陵君依计而行，果然拿到了虎符，成功骗取了军队的指挥权，并率领大军一举击败了秦军，挽救了赵国。

这就是著名的“窃符救赵”的典故。在这个故事里，那个被称为“虎符”的小物件，虽然体量不大，却牵动了战场风云，调动起魏国的十万大军，足见它的威力。虎符是什么？为什么凭借一枚小小的虎符就能够调动千军万马呢？

其实，虎符就是一种古代帝王用来调动军队的令牌，一般用青铜或者黄金制成，也有玉、竹等材质的。其形如伏虎，分为左右两半。其中左半部交给地方官吏或统兵的将帅，右半部留存中央。使用时，必须将左右两半合并使用，持符者才能获得调动军队的大权，也算是为了保证君主在传达命令或者调动军队时不出差错的一种信物或凭证。如今汉语中的“符合”一词，正是由此而来。

虎符作为中国历史上调兵遣将的凭证起源很早，盛行于战国、秦、汉时期。到了隋代，虎符被改成了麟符。唐代时，唐高祖李渊为了避先祖李虎的名讳，将虎符改成了鱼符、兔符、龟符等。再到后来，虎符逐渐演变成令牌等物，动物形状的兵符逐渐退出了历史舞台。

这种两符相合的形式，堪称是一种调动军队、获取兵权的密码，且从来都是专符专用，一地一符，绝不可能存在用一枚兵符可以同时调动两个地方军队的情况。这样一方面可以保证兵权能牢牢地掌握在帝王手中，避免地方将领随意调动军队，发动兵变威胁统治；另一方面也可以防止敌人渗透，通过传递假情报来扰乱己方的作战部署。因此，虎符的本质是古人基于多方考量而建立起的一种信息安全机制。

在陕西历史博物馆里，就珍藏着一枚做工精致、造型精美的虎符，称为“杜虎符”。这枚杜虎符发现于西安南郊。

那是1975年冬季的一天，西安南郊山门口公社的农民杨东峰在家里平整土地时，偶然间挖出了一个小铜块，形状还有些奇怪。杨东峰以为只是一块废铜，就想拿到废品站卖掉。可惜铜块太小，没什么分量，卖不出价，就又带回了家。杨东峰不时地将它拿在手里把玩，使得上面的泥土和锈层逐渐剥落下来。

一天，杨东峰又拿着它把玩时，发现上面竟然隐约透出金色的字来。这个发现让杨东峰颇感意外，他很快就意识到，这个其貌不扬的小铜块，很有可能是一件文物。于是，他决定去省博物馆找专家问问。几经辗转，杨东峰见到了考古专家戴应新先生。戴应新经过仔细研究后确认，这个小物件是非常罕见的战国时期秦国的铜兵符——杜虎符。

当杨东峰得知这个不起眼的小物件竟然是这么有价值的文物后，内心十分激动。博物馆的工作人员也是激动不已，提出要买下这件文物，问他要多少钱。纯朴的杨东峰并没有要钱，只提出用一套红卫兵的衣服交换就可以。可工作人员找了半天也没找到，最后经过协商，只好给了杨东峰一些现金。陕西历史博物馆为了表彰杨东峰，还专门为他写了封表扬信，作为嘉奖。

至此，这枚秦国杜虎符正式入驻陕西历史博物馆这座文化遗产宝库，成为数以百万计的国宝文物中的一员。

杜虎符呈虎形，身长9.5厘米，高4.4厘米，厚0.7厘米，重 80 克，背面有槽，虎颈部有一个小孔。虎首昂起，虎尾自然下垂，末端蜷曲回勾。整件虎符线条圆润，柔中带刚，十分精美。

虎身上有 9 行铭文，共 40 字，以秀丽的悬针小篆写着“兵甲之符，右才（在）君，左才（在）杜。凡兴士被甲，用兵五十人以上，必会君符，乃敢行之。燔燧之事，虽毋（毋）会符，行殹（也）”。大概意思是说，这枚兵符，右半符由国君掌管，左半符在杜地军事长官手中。但凡调动士兵 50 人以上时，左符必须与国君的右符相合，确认无误才能调动。倘若遇上烽火报警这种紧急情况，则不必合国君的右符，也可行动。

这段铭文是用非常精湛的错金技术制成的。当年的工匠先在虎身上錾刻出阴文，然后将金丝嵌进这些阴文笔画形成的凹槽之中，最后再进行打磨和抛光。这一技术使杜虎符虽然在地下历经 2000 多年，但身上的铭文依旧闪亮如新。这些铭文不仅具有极高的艺术价值，还有非常重要的史料价值，完整地展示了战国时期秦国的军事调兵制度。

这枚杜虎符被发现的消息传开后，学界掀起了一股研究兵符的热潮。针对这枚杜虎符，众多专家学者还展开过一场激烈而精彩的论战。首先是关于它真伪的争论，后来随着研究的深入，质疑声才逐渐平息下来，杜虎符是真正的战国时期秦国兵符，这一结论最终被学界公认。

随后，又有了关于杜虎符的“年代之争”。从铭文看，当时的秦王称“君”。而在历史上，秦国的国君只有惠文王一人称君，因此有史学家推测，这枚杜虎符很可能是秦惠文王时的兵符。但这一观点尚未在学界形成共识，杜虎符的具体年代仍存在着争议。

历史的真相还需更为深入的研究才能揭晓。但透过这枚2000多年前的虎符，我们似乎可以想见，在那个战争频繁的时代，这样一枚小小的虎符，就是一串调兵遣将的密码，它牵动着风云变幻的战局，也牵动着某个国家的兴衰与存亡。

小贴士

陕西历史博物馆收藏的这枚杜虎符，保存完好，做工精细，带有40字的错金铭文，是目前所知年代最早、铭文字数最多的一枚秦国虎符，完整地展示了战国时期秦国的军事调兵制度，具有十分重要的史料价值。

参考文献：

① 王祖远．闲话“虎符”[J]．文史春秋，2009(1).
② 黑光．西安市郊发现秦国杜虎符 [J]．文物，1979(9).
③ 秋慈．杜虎符：中国最早的兵符 [J]．科学之友：上半月，2021(1).
④ 晏新志．“杜虎符”的发现与研究述论 [J]．文博，2018(6).
⑤ 马非百．关于秦国杜虎符之铸造年代 [J]．史学月刊，1981(1).

23
香云缭绕乾坤转，盂间星火莫动摇
——葡萄花鸟纹银香囊

1000 多年前的大唐都城长安，是个极为繁华的大都市。南北 11 条大街与东西 14 条大街纵横交错，将长安城整齐地划分为 100 余个坊。其中，兴化坊北邻皇宫，西北近繁华的西市，是唐朝皇亲国戚、达官显贵居住的黄金地段。

我们的故事就发生在 1000 多年以后，原长安城兴化坊的所在地。此时的兴化坊早已化为历史的烟云，这里有了一个新名字——何家村。

1970 年 10 月 5 日，何家村的一个收容所在搞基建工程时，意外地挖出了一个 65 厘米高的大陶瓮，里面层层叠叠摆满了金银器皿。工地负责人将这一发现报告给了当时的陕西省博物馆。考古人员很快就赶到了现场，接收了已经发掘出土的这批文物，并对周围进行了仔细的调查和勘探。10 月 11 日，考古人员又在附近发掘出了一个相同大小的陶瓮，里面也装满了金银器皿，此外还发现了一个银罐，在里面发现了 12 条小巧玲珑的金龙，就是前文所说的赤金走龙。这是一次震惊考古界的重大发现，出土文物多为贵重的金银器，件件堪称无价之宝。

经考古人员统计，这次发掘出土珍贵的历史文物有 1000 多件，包括各种金银器皿、珠宝玉石和中外钱币等。这些文物出自唐代的一处窖藏，所以它们被统称为“何家村窖藏”文物。在这些唐代遗宝中，有一件非常有趣且异常精美的香囊，叫作“葡萄花鸟纹银香囊”。

这件银香囊设计得十分精妙，由上下两个直径长为 4.5 厘米的半球构成，半球边沿的一侧用一个可以活动的短轴相连，另一侧则安装了一个精致的小银钩，用来将上下两个半球锁定。当两个半球扣合在一起时，就像一个圆球形的小盒子，形成了香囊的外壁。香囊外壁通体镂空，雕刻着繁密的葡萄、花鸟纹饰。葡萄枝繁叶茂，硕果累累，取五谷丰登之意。花鸟相杂其间，寓意着富贵吉祥。上面的银半球顶部中心安装了一条银链，长 7.5 厘米，银链末端置一银钩，用来钩挂。香囊由银制成，造型轻巧，装饰繁缛，华美异常。

这件香囊的巧妙之处在于它内部设置的机关。香囊外壁下面的银球内部，安装有两个同心圆机环，外层机环与香囊外壁相连，内层机环则分别与外层机环和金盂相连。内外层机环、金盂这些零件之间的连接处，均用银铆钉连接，可以自由转动。这个设计巧妙地利用了陀螺仪的原理，在重力作用下，这种构造可以保证金盂的重心始终向下，无论怎样翻转银球，金盂总能保持水平状态。

一件小小的香囊，古人为什么要如此大费周章地设计呢？其实，这与当时人们用香的方式有着非常密切的关系。

我国早在战国时期就有在室内熏香的习俗，但古人熏香与现代可大不相同。那时还没有发明出香水，更没有靠喷洒来增香的用香方式。古人用香主要是靠燃烧香料，使它产生带有香味的烟气来达到熏香的目的。燃香的专用器具称为熏炉。

到了汉代，汉武帝派遣张骞出使西域，开辟了连接中原与西域商贸往来的丝绸之路，两地的文化交流日益频繁。这时，西域盛产的香料通过丝绸之路大量输入到中原地区。熏香习俗由宫廷逐渐蔓延至民间，相应的各类熏炉也被大量生产出来。

随着熏香的普及，这种需要将熏炉放置在几案上的熏香方式已不能满足人们生活的需要，它既不能放在被子里熏香和取暖，也不便于随身携带，因为点燃的香料可能会被打翻，从而导致烫伤，甚至引发火灾。

于是，一种球状的熏炉应运而生，当时被称为“香毬”。香毬是汉代先民的一项发明创造，其外壁是镂空的球形，内部设有可以自由转动的机环和小碗，使用时在小碗里焚香，香气便会从外壁镂空的孔隙间飘散出来。而小碗在机环的控制和作用下，无论怎样翻转滚动香毬，盛放点燃的香料的小碗总能保持碗口向上，而不会将点燃的香料散落出来，引起烫伤或者火灾。

到了唐代，人们在香毬的基础上，进一步将尺寸缩小，并为它配上钩链，使它变得更加小巧而精致，成为可以随身携带的一种香囊，正如陕西历史博物馆珍藏的这件葡萄花鸟纹银香囊。

在唐代，香囊和香料的使用已经普及至整个社会。熏香成了一种普遍的日常活动：挑灯夜读时，焚上一炉香，以增读书之趣；抚琴弄弦时，焚上一炉香，以添韵律之雅；沐浴斋戒时，焚上一炉香，以涤心灵之垢。无论是庭院屋舍，还是庙宇寺观，到处香气袅袅。唐时的人们就在这样一个芳香四溢的国度里，向世界展示着恢宏的盛世气象。

在这样的历史背景下，香囊也成了唐代女子们心爱的随身之物。但像这种设计精巧的银香囊，可不是寻常百姓家的女子可以拥有的，一般只有王后、王妃等贵族阶层的女子才能使用，相传杨贵妃就有过这样一件葡萄花鸟纹银香囊。

755年，安禄山借口讨伐宰相杨国忠，发动了叛乱，史称“安史之乱”。叛军一路攻克城池势如破竹，直逼长安。一天黎明时分，天刚蒙蒙亮，皇宫延秋门里走出一队慌张的身影，正是唐玄宗携杨贵妃、皇子、公主及亲信大臣，他们要逃出长安。

当他们途经马嵬（wéi）驿时，随从的将士因不满奸相杨国忠祸国殃民的作为，爆发了兵变。杀死杨国忠后，军士又逼迫唐玄宗赐死杨贵妃。唐玄宗迫于形势，只好就范。就这样，一条细绫带走了杨贵妃的一缕芳魂，几抔黄土草草掩埋了她的尸身。

叛乱被平定后，唐玄宗重返京城，念及旧情，派人重新安葬杨贵妃。人们挖开她的坟茔后，发现她的尸身早已腐坏，而她随身携带的那件银香囊仍完好如初。史书中记载的这件银香囊，见证了中国古代一个凄美的爱情故事。

银香囊除了是贵族女子的心爱之物，也是唐朝天子赏赐重臣的宫廷奢侈品。由此可见，在何家村窖藏中出土的这件银香囊，即便在1000多年前的唐代，也是一件稀罕贵重之物。

当我们穿过时空的隧道，回到唐朝，在长安繁华热闹的街头，也许能见到一位婀娜的女子，佩戴着葡萄花鸟纹银香囊款步走过。那银光闪闪的香囊随着步伐而晃动，引得阵阵暗香袭来，映衬着她自信的笑靥。那一刻，便是一幅绝美的盛唐风景。

小贴士

陕西历史博物馆珍藏的这件葡萄花鸟纹银香囊，设计精巧，制作工艺精湛，具有很高的艺术价值和历史价值，反映了唐代高超的金银细作工艺、中原与西域文化交流往来的盛况，以及中国古人卓越的智慧，对研究唐代物质文化史有着十分重要的意义。

参考文献：
① 邓皓凡．暗香浮动：葡萄花鸟纹银香囊 [J]．少儿国学，2020(21).
② 王云红，陈阳光．汉唐时期的丝绸之路与香料输入 [J]．廊坊师范学院学报：社会科学版，2018(2).
③ 陈菲．唐代葡萄花鸟纹银香囊的研究 [J]．上海工艺美术，2015(3).
④ 张君卓．香囊：大唐的风流余韵 [J]．现代商业银行，2018(10).

陕西历史博物馆

24 神鸟起舞，绶结吉祥
——四鸾衔绶金银平脱镜

公元 626 年，唐太宗李世民登基，成为唐朝第二位皇帝。唐太宗任命魏徵为尚书左丞，并在他的辅佐下，开创了唐朝的第一个繁华盛世——贞观之治。

这对君臣，一个虚怀若谷，一个直言敢谏，成为历代君臣相交的典范。魏徵去世后，唐太宗悲恸地说："夫以铜为镜，可以正衣冠；以古为镜，可以知兴替；以人为镜，可以明得失。魏徵没，朕亡一镜矣！"

唐太宗将魏徵比作一面镜子，对他给予了极高的认可和评价。魏徵名垂千古，成为一代名相，而在唐太宗的这番话中，铜镜与帝王的治国之道相关联，被赋予了特殊的象征意义，从此受唐朝历代皇帝的推崇，与唐朝结下了不解之缘。

唐朝建立后，国家统一，社会安定，经济得以迅速的复苏。农业生产的发展促进了手工业生产的空前繁荣，铜镜铸造业作为手工业的一项，在唐朝时迎来了一次发展高峰。

从大量的出土实物和传世品来看，唐代的铜镜铸造技术已经达到了我国古代铜镜艺术的巅峰。唐代的铜镜，在造型上除了沿用传统的圆形和方形，还创造出了很多新的样式，如葵花形、菱花形等。装饰图案也变得千姿百态，有传统的神兽、铭文、人物、动物等，还引进了带有西域风格的葡萄鸟兽、花草等纹饰。此外，铜镜的装饰工艺也多种多样，有鎏金银、贴金银、螺钿等。这些多样化的造型、纹饰题材以及装饰工艺使得唐代铜镜变得多姿多彩。总体而言，唐代的铜镜铸造业呈现出了一种前所未有的自由豪放、清新活泼的风貌。

在富丽绚烂的唐代铜镜中，有一种铜镜的装饰工艺十分精美而奢华。这种铜镜装饰工艺特殊，成本高昂，堪称铜镜中的翘楚，尤其是在唐玄宗时，仅皇家和高品阶官员才能使用，寻常百姓即便是愿花重金也买不到。它就是金银平脱镜。

金银平脱，是一种历史悠久的复杂而特殊的装饰工艺。这种工艺充分利用了金银这类软金属优良的延展性。工匠先将金银锤打成极薄的箔片，然后用这些金银箔片剪成想要的图案外形，再在上面錾刻出图案内部的花纹。接下来将这些图案贴在事先涂了漆的器物之上，再在上面反复髹（xiū）黑漆，待漆干后，还要进行多次的打磨和细致的抛光，使金银图案与漆面平齐。这时，富丽华美的图案会透过漆层浮现出金银光泽，同时又拥有平滑细腻的温润质感。唐代的制镜工匠将这种工艺灵活巧妙地应用于铜镜背面的装饰，制成极具时代特色的金银平脱镜。

唐代的金银平脱镜传世量并不多，现存于世的有 10 余件。由此可见，即便是在国富民强的唐代，这种铜镜也是一种价值高昂的奢侈品。陕西历史博物馆就珍藏着一件四鸾衔绶金银平脱镜。这件铜镜是 1956 年在西安长乐坡村的一处基建工地出土的。出土时铜镜已经破碎成三块，所幸的是残片保存完好，断裂茬口很整齐，将它们拼接在一起时，还能保证严丝合缝。后来，妙手回春的文物修复专家通过科学的修复方法，终于使其

“破镜重圆”。

这件铜镜是圆形镜，直径为22.9厘米，厚0.3～0.6厘米，重1.464千克。纽座周围装饰着银片制成的莲叶纹，外面有金丝同心结纹环绕一周。主体纹饰是4只口衔绶带的金箔鸾鸟，按逆时针方向均匀环列，做出展翅飞翔、翩然起舞的姿态。鸾鸟之间有4组带叶的花瓣，铜镜边缘也以金丝同心结纹装饰一周。金箔做成的鸾鸟和银箔制成的花卉纹交相辉映，在黑褐色漆底的衬托下，光艳夺目，熠熠生辉。

鸾鸟是中国古代传说中的一种神鸟，在《山海经》中已有记载。据说，鸾鸟身上长有五彩的羽毛，当它出现时，天下太平，国泰民安，是一种能带来吉祥和幸福的灵鸟。因此，铜镜以鸾鸟作为装饰纹样，是一种吉祥的寓意，寄托着人们对幸福的向往。

绶带纹是中国传统纹样中比较常见的一种。因为“绶”与“寿”谐音，人们便以绶带作为“长寿”的象征，将“长寿”具象化、可视化，做成了一种装饰纹样。利用谐音寓意吉祥，是中国传统纹样的一种比较常用的手法。

鸾鸟衔绶，有着吉祥、幸福、长寿的美好寓意，深受唐玄宗李隆基的重视和喜爱。他还专门为这种以鸾鸟衔绶为装饰纹样的铜镜写下了“台上冰华澈，窗中月影临。更衔长绶带，留意感人深”这样优美的诗句。这些诗句出自《千秋节赐群臣镜》一诗，可见当时铜镜已成为君臣之间互相馈赠的节日礼物。

千秋节是唐玄宗在位期间设立的一个全国性的重大节日。唐玄宗的生日是每年的农历八月初五，后来他采纳大臣的建议，将生日这天设为“千秋节”，意为“普天同庆，与民同乐”。节日期间，举国上下，张灯结彩，热闹非凡。皇宫里的花萼楼或勤政楼还会举办盛大的千秋节贺寿大宴。届时，文武百官会手捧千秋镜进献给玄宗，而玄宗也会将宫廷御制的千秋镜回赠给群臣。在这“进献与回赠”间，双方各有寓意——臣以铜镜恭祝玄宗长寿，玄宗则以铜镜勉励众臣要像魏徵一样，成为辅助帝王的贤臣。君与臣的感情在这互赠铜镜的过程中，得到了融洽的交流和升华。

这些千秋镜就是铜镜，而“鸾鸟衔绶”这个题材的纹样此时就显得极为应景了，所以逐渐成了宫廷贺寿的一种标准纹样。上行下效，这种纹样后来流入民间，也受到了百姓的追捧和效仿。民间工匠还在这个基础上加以延伸和演化，使得唐代铜镜的装饰纹样愈加丰富多彩。

后来，这种金银平脱镜因为造价过于高昂，被唐朝后来的皇帝明令禁止，这也是金银平脱镜传世量稀少的原因之一。

陕西历史博物馆珍藏的这件四鸾衔绶金银平脱镜，历经千年的岁月，仍保存下完好的纹样，极为难得，是西安出土的唐代平脱镜中最精致、最完整的一件，代表了中国古代铜镜铸造工艺的最高成就。

铜镜穿越悠久的历史，在盛唐停留的那一刻，得到了一次华丽的蜕变，被赋予了崇高的象征意义，成为君臣相交的一种特殊载体，映照了唐王朝的盛世繁华。

小贴士

陕西历史博物馆珍藏的这件四鸾衔绶金银平脱镜纹饰华美，寓意吉祥，是一件不可多得的唐代艺术珍品，已被评为国家一级文物，反映了中国古代制镜工艺的巅峰水平，具有极高的历史价值和艺术价值。

参考文献：

① 张广立，徐庭云. 漫话唐代金银平脱 [J]. 文物，1991(2).

② 王伟. 唐代金银平脱在漆工艺史上的地位 [J]. 艺苑：南京艺术学院学报美术版，1997(4).

③ 申永峰，刘中伟. 唐代金银平脱工艺浅析 [J]. 中原文物，2010(2).

④ 张庆琴. 唐代铜镜的创新 [J]. 艺术品鉴，2019(21).

25
独孤功至伟，荣耀铸传奇
——独孤信多面体煤精组印

提起印章，相信很多人脑海中浮现出的都是印面为正方形、长方形，甚至圆形、椭圆形的印章。形状再奇怪点，还有葫芦形的、花生形的等等。这些印章有的用田黄石、寿山石等优质石料雕刻而成，有的则用金、银、铜等金属铸造而成，制作印章的材料可谓多种多样。

我国印章的历史十分悠久，在不同的朝代还呈现出不同的时代特色，表现在制作材料、工艺，以及印文的字体、布局等方面。古代对于官员之印的形制还有明确的制度规范，对材质、大小、印纽的样式有着严格的规定。从一枚小小的印章，可以看出古代森严的等级制度。

虽然各类印章有着诸多的不同，但基本都有一个共同点，那就是它们都是一方印章，只有一个印面，只能钤（qián）印出一种印文。而在中国古代繁多的印章中，也有一个特例。它就是将二十几个印面整合在一起的球形印，堪称中国古代印章中的一朵奇葩。

1981年的一天，陕西省旬阳县（今旬阳市）一个名叫宋清的中学生正走在上学的路上，无意间看到地上有个奇怪的东西，像是一块黑色的球形石头，比鸡蛋略小些。宋清觉得很好奇，就把它捡了起来，拿在手上端详了一番。他把上面的泥土擦掉后，发现这块黑石头上面隐约透出了一些文字。宋清原本以为这是一枚骰子，在仔细辨认一番后，觉得这块奇怪的石头非同一般，很有可能是一件文物，于是赶忙把它塞进书包，跑到县文化馆找专家询问。

文化馆的工作人员问明宋清的来意后，对这块黑石头进行了清理，然后反复辨认上面的文字。他们发现这块石头并不是一个正圆球，而是一个近似圆球的多面体，每个面都十分平整，上面刻着文字，而且这些文字都是反刻在上面的。这时工作人员恍然大悟，原来这块奇怪的黑石是一枚印章，这可是一件非常罕见而珍贵的文物。后来，宋清就把这枚球形印捐给了县文化馆。如今，这枚球形印被收藏在陕西历史博物馆。

文物专家经测量和鉴定得知，这枚球形印印面边长均为 2 厘米，通高 4.5 厘米，宽 4.35 厘米，重 7.57 克，由煤精制成。煤精分两种：一种是煤的高级品种，是一种可燃性有机岩；另一种石化得更为彻底，也称为“煤玉”，密度较大，硬度较高，适合雕刻成工艺品，其成品黝黑发亮，光泽感极强，非常美观。这枚球形印就是用第二种煤精制成的。因为年代久远，球形印受泥土侵蚀，印体表层出现了多条横向的裂纹，局部有剥落，棱角处有细微残损，但总体保存基本完好。

这枚球形印是由 26 个大小不一的正方形和三角形组成的多面体。其中，在 14 个正方形印面上分别反刻着“大司马印”“大都督印”“刺史之印”“柱国之印”等 47 个楷书阴文，笔画圆润饱满，字体刚劲有力，颇具魏晋风骨。

这种形制的印章在国内是首次发现。作为我国唯一的一件多面体球形印，它有着极高的文物价值，而且它的价值还远远不止于此。

这件独一无二的球形印，单看上面的印文就能推测出，它的主人曾是一位身兼数个要职的大人物。文物专家考证，这枚球形印的主人，正是西魏、北周时期的名将独孤信，他一生经历过频繁的战事和政权更迭，是一个极具传奇色彩的风云人物。

独孤信原名独孤如愿，出生于北魏末期的一个鲜卑族部落，父亲是部落酋长，母亲也是贵族出身，因此独孤信的家世十分显赫。

独孤信长相俊美，玉树临风，还十分擅长骑射，是个远近闻名的美少年。相传有一次他去城外打猎，回家时晚风吹歪了他的帽子，被人误以为他是故意为之。第二天，满城的男子都模仿他歪戴着帽子，以此为美。

公元 523 年，北魏的北方发生了六镇起义。风起云涌的战争激荡着年轻男子们心中的热血，刚 20 出头的独孤信自然也不例外。他先是投入河北义军首领葛荣的帐下，后来葛荣兵败，他又改投尔朱荣。北魏分裂为东、西魏之际，独孤信决定跟随孝武帝西行。时任关西大行台的宇文泰迎孝武帝入关不久后，将其弑杀，改立元宝炬为帝，从此一手掌握了西魏的军政大权。

此后的几十年，独孤信一直跟随宇文泰，为其竭诚效力，立下了赫赫战功。宇文泰为表彰其功，还专门为他赐名“信”。在独孤信等人的辅佐下，宇文泰的势力日益壮大，最后彻底瓦解了西魏政权，迎来了属于宇文一族的辉煌时代。一个新兴的政权——北周，在宇文泰奠定的坚实基础上，即将登上历史的舞台。

战功显赫的独孤信自然也就成了北周的开国功臣。独孤信先后历任的官职不胜枚举，因为他有太多的职位，所用的官印自然也很多，为了方便携带，他就做了这种多面体的球形印，将他的官职全都镌刻在了一起。从印文可知，他曾担任过大都督、大司马、柱国大将军等高品阶职位，显贵的程度让人望尘莫及。

独孤信凭军功崛起，官位一路跃迁至无人企及的高度，使得独孤氏也因他而成为煊赫四海的名门望族。

在门阀士族制度盛行的魏晋南北朝时期，与皇室联姻是保持高门地位的一个行之有效的方法。独孤信凭军功带领独孤一门强势崛起，自然就有了与其他名门望族甚至皇室联姻的条件和资本。

独孤信有三个女儿都嫁入了皇室，他的长女嫁给了宇文泰的长子北周明帝宇文毓。当时宇文毓还没当上皇帝，后来宇文毓被拥立为“天王”，她的身份也随之成为“天后”，但没多久就香消玉殒。宇文毓称帝后，追封独孤氏为皇后，是为明敬皇后。独孤信的四女儿嫁给了陇西大族唐国公李昞，婚后生有一子，名为李渊，即唐王朝的开国者唐高祖。李渊建立唐朝后，追封其母为元贞皇后。独孤信的七女儿独孤伽罗嫁给了弘农名门随国公杨忠的嫡长子杨坚，也就是后来的隋文帝。公元 581 年，杨坚建立隋朝，将独孤伽罗册封为皇后。

独孤信因三女嫁入了皇室，而成了亘古未有的三朝国丈，这个特殊的身份也为他的传奇故事再添上浓墨重彩的一笔。

这位曾经惊艳四海的北塞俊郎、地位尊崇的三朝国丈带着一生的传奇故事，早已化作一缕烟云，消逝在历史的天空。1000 多年以后，他这枚奇特的多面体球形印跨越沧桑的岁月，仍在见证着他曾经无与伦比的荣耀。

> **小贴士**
>
> 陕西历史博物馆珍藏的这枚多面体煤精组印是目前我国出土的唯一一件多面体印章，是西魏名臣独孤信的官印。该印由煤精制成，字体雄健挺拔，有着极高的艺术价值，同时，对于研究西魏、北周及独孤家族的历史有着重要的参考价值。

参考文献：

① 李兴臣. 中国古代印章之最：独孤信印 [J]. 中国地名，2015(6).

② 张沛. 旬阳出土的独孤信多面体煤精组印 [J]. 文博，1985(2).

③ 张艳鸽. 南北朝、隋唐时期独孤家族兴衰探析：以独孤信为例 [J]. 荆楚学刊，2014(3).

④ 王书钦. 宣政之丧：隐没于墓志与史籍间的独孤信族事之考证 [M]// 西安碑林博物馆. 碑林论丛：第二十四辑. 西安：三秦出版社，2019.

⑤ 路卫兵. 最神气的老丈人独孤信：给三个皇帝当岳父 [J]. 东方收藏，2010(12).

陕西历史博物馆

26 草原遗风：匈奴首领的神秘冠饰
——金怪兽

1957 年 8 月的一天傍晚，陕西省神木县（今神木市）纳林高兔村的生产队社员王根发放了一天的牛，正踩着夕阳的余晖走在回家的路上。当他赶着牛经过村子北边的一处沙坡地时，发现牛蹄子的脚印后面好像有两块废铜，就顺手捡起来带回了家，并把捡到的东西交给了父亲王生仁，还跟他说了经过。王生仁看着这两个物件，觉得儿子这是捡到了古董，便没声张，心里暗暗下定了主意。

第二天一大早，王生仁就叫上儿子拿上铁锹和麻袋，去前一天捡到宝贝的地方继续挖。果然，父子二人挖了一通，又挖到了些银质的老虎、鹿以及珍珠、铜片等。两人心里欢喜，却没想到这个消息很快就传遍了生产队，很多社员都知道了这爷俩在村子北边挖出了古董，于是蜂拥而来，争先恐后地疯抢着仍埋在这里的一些珠子、铜片之类的小件东西。

这起私自挖掘和疯抢地下文物的恶性事件很快被神木县政府得知，没过几天县里就派来干部专门调查这件事，并对王家父子进行了批评教育，王家父子这才意识到自己违反了文物保护法，便将私自挖掘出的古物如数上交。经过这一事件，当地政府加强了对盗掘文物行为的打击，同时组织开展了文物保护普法宣传，人们的文物保护意识得到了显著提高。

在王家父子挖出的文物中，有一件造型奇特的金器引起了文物专家的注意。这件金器是动物形状，长 11 厘米，高 15 厘米，重 220 克。具体是什么动物，文物专家们也颇为犯难，因为它乍一看像鹿，却又不是鹿。它的头上有着鹿一样的犄角，大角纠缠缭绕，犹如树冠。角上分有四叉，叉端各有一个不知名的鸟头形象，有着鹰喙一样的嘴。黄金动物体内中空，前肢挺直，做出低头角斗的姿态，眼珠凸出，身躯看似属偶蹄类动物，如羊、鹿之类。身体和四肢上均装饰着凸起的云纹，颈部和胸部则细密地錾刻出代表鬃毛的细纹，尾部弯曲卷成环形，状如蝎尾。黄金动物立在一个四瓣花形的底托之上。底托中心部位向上凸起，呈覆斗形，下方的每片花瓣上各有 3 个小圆孔。

这种造型的动物显然是古代工匠发挥想象创造出的一种神兽，且在已出土的文物中也未见同类型品，最后文物专家将其命名为“金怪兽”。

金怪兽的兽角、兽尾和底托为分铸而成，工匠再将这三部分构件焊接、拼装在一起。整件器物将圆雕、透雕、浮雕等装饰工艺集于一身，足见古代工匠高超而精湛的金属加工工艺。

古人为何要制作这样一件造型奇特的金怪兽呢？它来自什么朝代，又有怎样的功用？针对这些问题，文物专家对它展开了深入的研究。

从出土的地点来看，这件金怪兽出土于神木县纳林高兔村北。当时这里的一场大风将地表的黄土吹去，使得一批历史文物从地下裸露出来。考古专家对周边的环境进行了详细的勘探和调查，后来在这附近发现了一座战国时期的匈奴墓。

再结合这件金怪兽的奇特造型，上面隐藏着的鹰形装饰，十分符合草原民族对鹰的崇拜，因此专家们推测这件金怪兽是匈奴族首领金冠上的一种装饰，是匈奴统治者勇猛、高贵的象征。底托花瓣上的小圆孔，可能就是用来起固定作用的，这也从侧面印证了专家们的猜想。

匈奴是一个古老的游牧民族，早在公元前 3 世纪开始兴起，据现有史料记载和考古发掘证实，匈奴人在夏、商、周时期就活跃于蒙古高原。战国时期，北方草原的匈奴族迅速壮大，兵强马壮，屡屡南下进犯中原，成为历代中原王朝的一支劲敌。战国末年，赵国名将李牧大破匈奴 10 万大军，重挫了其进犯中原的锐气。秦始皇统一六国后，又派大将军蒙恬北击匈奴，将其驱逐出河套地区。匈奴慑于秦朝的威猛，不敢再犯。汉代时，汉武帝对匈奴发动了数次远征，使其受到很大打击。直到东汉时，才彻底击败了北匈奴，解决了困扰汉朝长达 300 多年的匈奴之患。

从目前已出土的文物来看，尚未发现与金怪兽形制相同的同类器物，在没有参照物辅助研究的情况下，它身上所隐藏的秘密仍未被完全解开。但专家们相信，这件曾置于匈奴首领金冠上的装饰，绝非当时的金工匠师心血来潮的随意创作，这种从未出现过的动物造型，一定有它的原型和象征意义。有专家推断，这件金怪兽的形象，正是中国古代神话传说中的风神飞廉。

相传飞廉原本是蚩尤的师弟，他天生相貌奇特，身形如鹿，头像孔雀，上面还长有奇怪的犄角。飞廉曾在祁山修炼，学会了驭风的奇术。后来，蚩尤和黄帝大战，他协助蚩尤攻打黄帝的军队。黄帝打败蚩尤后，飞廉被降服，成为掌管风的神，负责四时节气的运转。

也有专家认为，金怪兽的形象源自传说中的一种怪兽

——蛊雕。据《山海经》记载，在遥远的东方有一座鹿吴山，这座山上草木不生，却有着丰富的金石矿产。有一条名为泽更水的河流发源于此，水里生活着一种食人怪兽，长相似雕，头上长角，叫声犹如婴儿的啼哭，被称为“蛊雕”。它们长年生活在这里，守护着山上的矿藏。

金怪兽究竟源自何处，学界尚未有定论。1991 年，陕西历史博物馆建成之际，这件金怪兽被调拨入馆。如今金怪兽以其独特的造型、神秘的气质和昂贵的价值，被评为国家一级文物，成为陕西历史博物馆的镇馆之宝之一。

造型精美的金怪兽，展示了古代匈奴工匠奇幻瑰丽的想象力，是一件极富艺术价值的工艺品。它穿越了 2300 多年的沧桑历史，带着古老的草原遗风展现在世人面前，是历史给予后人珍贵的馈赠，也是历史留给后人的一个难解的谜题。

小贴士

陕西历史博物馆珍藏的这件金怪兽，是战国时期匈奴族的艺术珍品，其做工精致，将圆雕、透雕、浮雕、焊接等工艺集于一身，充分反映了古代匈奴金工技艺的精湛水平，展示了古代匈奴金工匠师奇幻瑰丽的艺术想象力，具有极高的艺术价值，对于研究战国时期匈奴族的历史文化有着十分重要的意义。

参考文献：

① 戴应新，孙嘉祥．陕西神木县出土匈奴文物 [J]．文物，1983(12).

② 戴应新．陕西匈奴文物简说 [J]．人文杂志，1984(6).

③ 赵爱军．试论匈奴民族的金银器 [J]．北方文物，2002(4).

④ 王红梅．高兔村战国墓出土神兽金铸像造型蠡测 [J]．中国国家博物馆馆刊，2015(8).

⑤ 折雪梅．话说匈奴动物风金银器 [J]．东方收藏，2021(21).

陕西历史博物馆

27 丝路奇宝：汉朝皇家御赐的奖品
——鎏金铜蚕

宋末元初的文学家戴表元曾在他的《咏蚕》一诗中，写下过“物亦有仁者，蚕功不可量。将身甘鼎镬（huò），与世作衣裳”这样的诗句，赞美了春蚕为世人做出的贡献。春蚕食叶吐丝，然后化蛹成蛾，以其无私奉献的精神，一直被古今文人吟诵咏叹。

相传早在5000多年前，黄帝的妻子嫘祖就发明了养蚕。有一次，嫘祖在野桑林里喝水，树上有野蚕茧落下，掉进了水里。嫘祖以为是一种白色的果实，就想用树枝把它从水中挑起，看看究竟。这时，那野蚕茧被树枝刮出了一些极细的丝。嫘祖就拉着细丝的一头向外抽，没想到这细丝越抽越长，连绵不断。嫘祖见这种细丝韧性极好，还很轻盈，就把它纺成线来织衣。她还把这些野生的蚕带回去驯化繁育，并将这种养蚕缫丝的方法教给了其他人。后世的人们为了纪念她，将她尊为“先蚕娘娘”，每年举行盛大的祭祀活动，这一习俗流传久远，对后世产生了深远的影响。

这虽然是一则美丽的传说，却也反映了我国桑蚕养殖的悠久历史。中国是世界上最早饲养桑蚕的国家。在山西夏县西阴村新石器时代遗址中就曾出土过一个被切割过的家蚕蚕茧。浙江吴兴（今湖州市吴兴区）钱山漾遗址也曾发现过一批丝织品，其中有绢片、丝带和丝线等。这些都是我国桑蚕养殖历史悠久的实物见证。

桑蚕业经历漫长的历史发展，在汉代时更加兴盛繁荣，桑树种植区域进一步扩大，除了民间普遍在房前屋后种植桑树，全国很多地方还设有专门的桑园，为家蚕养殖规模的扩大提供了充足的条件。蚕丝的产量因此得到很大的提升，丝织业也呈现出欣欣向荣的发展态势，丝织品的种类更加丰富，纺织技术更加成熟精湛，大量精美的丝织品除了满足国内需要，还远销到中亚、西亚和欧洲各国。

养蚕缫丝在人们的生产生活中扮演着极为重要的角色。给人们带来富足生活的“蚕宝宝”也成为执着奉献、羽化重生的象征，成为文人墨客咏叹的对象，成为手工艺人艺术创作的题材。各种玉石、金属制成的蚕被工匠精雕细琢出来，用来祈祷或庆祝蚕桑的丰收。

陕西历史博物馆就珍藏着一件形态逼真的汉代鎏金铜蚕。这是一件非常罕见的艺术珍品，关于它的发现，还有一段“大义捐宝”的动人往事。

那是 1984 年的冬天，陕西石泉县池河镇谭家湾村的农民谭福全，想着趁农闲时节，干点副业贴补家用。于是他带着几个孩子在池河岸边挖了一个两米多深的沙坑，在里面淘取沙金。一天，他们正在淘金时，竟然意外地在沙坑里淘出了一段 5 厘米长的棍状物。谭福全仔细一看，原来是一枚金蚕，和真蚕大小相仿，金光闪闪，十分可人。谭家人都很高兴，用红布将它包裹起来，还专门给这枚金蚕做了个小木匣子，将其视为珍宝。

谭福全在河边捞出宝贝的事情很快就在这个小村子里传开了，乡亲们纷纷跑去谭家看这个稀奇物件，但谁也不知道这金蚕是干什么用的。县上的领导也闻讯赶来，说要请省里的专家给鉴定一下，看是不是件文物。纯朴的谭福全听后，当即表示如果金蚕是文物，就捐献给国家。

随后几天，越来越多的人慕名而来，还有人想要高价收购。面对别人开出的高价，谭福全非但不心动，反而心想，若这金蚕真是件文物，放在家里也不安全，还不如干脆带上它去趟省城，找博物馆的专家给看看，真是文物的话就捐了它。

打定主意后，谭福全从亲戚那里借了些钱当路费，把金蚕揣进怀里，搭上了开往省城西安的车。

到了西安，谭福全不敢耽搁，直奔省博物馆（今陕西历史博物馆）。他说明来意后，将怀里的金蚕交到博物馆工作人员手中，在场的工作人员无不被这枚珍贵的金蚕惊艳到。经过专家确认，这的确是一件汉代的文物。谭福全听后，果断地将金蚕捐献给了博物馆。后来北京的文物专家也对这枚金蚕做了鉴定，认为它是汉代的鎏金铜蚕，由红铜铸造，外饰以鎏金，非常珍贵，所以将它评为国家一级文物。

古代工匠将金箔或金粉与水银充分混合，然后将这种金汞剂均匀地涂抹在要装饰的器物表面，再经过高温加热，让金汞剂里的水银挥发，黄金成分便会附着在器物表面，这种方法就叫作“鎏金”，是一种古老的金属装饰工艺。

这枚鎏金铜蚕通长 5.6 厘米，腹围 1.9 厘米，胸高 1.8 厘米，重 10 克，首尾一共 9 个腹节，头部向上抬起，呈昂首吐丝的姿态，细节刻画得十分细致，生动而逼真。因年代久远，铜蚕表面的金层已有多处剥落，专家推测它是西汉时皇帝为了褒奖蚕桑生产大户而特制的一种御赐奖品。

发现鎏金铜蚕的石泉县，养蚕业历史悠久，是中国历史上重要的蚕桑基地。这里湿润温和的气候和多山的地理环境，为发展养蚕缫丝业提供了得天独厚的条件，尤其是在汉代，石泉县养蚕业的发展曾一度达到历史高峰。

汉代的石泉县，是当时都城长安丝绸的重要来源地之一。这里生产的大量丝绸都经过一条名为“子午道”的商路，运送到长安，再由长安通过连接东西方的万里商路——丝绸之路远销到中亚、西亚以及欧洲。

可以说，这枚小巧的金蚕，见证了汉代丝绸业的繁荣发展，见证了汉代东西方贸易往来中丝绸之路的重要地位。它将古丝绸之路 2000 多年的辉煌历史浓缩进几厘米的小小身躯，再迸射出耀眼夺目的光芒，吸引着全世界的目光。

2000 多年以后，曾经黄沙飞舞、驼铃悠悠的万里丝路，如今已是另一番繁荣的盛景。那穿越千古的春蚕吐丝的声音，仍如振奋人心的音符，和着风雨声、和着驼铃声、和着万里丝路的每一粒黄沙，在历史的天空久久回荡。

小贴士

陕西历史博物馆珍藏的这枚鎏金铜蚕产自汉代，其形态逼真，弥足珍贵，被评为国家一级文物。它历经了 2000 多年的风雨，蕴藏着丝绸之路的珍贵历史信息，是丝绸之路的重要象征和历史物证，具有非常重要的艺术价值和历史价值。

参考文献：

① 李域铮．石泉县首次发现汉鎏金蚕 [J]．文博，1986(2).

② 张维慎，张红娟．鎏金铜蚕与秦汉关中蚕桑业 [J]．石河子大学学报：哲学社会科学版，2019(6).

③ 王燕，李强，李建强．基于邮票“鎏金铜蚕”的金蚕考 [J]．服饰导刊，2020(4).

④ 李海菊．汉代蚕桑业初探 [J]．宝鸡师院学报：哲学社会科学版，1991(4).

陕西历史博物馆

28 巧思琢奇宝，杯飘异域风
——镶金兽首玛瑙杯

1970 年，陕西西安南郊的何家村挖出了一处唐代窖藏，出土了 1000 多件珍贵的历史文物，成为轰动考古界的重大新闻。在这批出土物中，有设计精妙的葡萄花鸟纹银香囊，有赫赫有名的鎏金舞马衔杯纹银壶，还有 12 条小巧精致的赤金走龙，以及大量的金银器皿。可以想象，当那两只大陶瓮被打开时，里面叠放的金银器是何等的金光熠熠。

与这些金光四射的金银器相比，还有一件看起来较为含蓄内敛的无价之宝隐在其中。它没有那般耀眼的光芒和华丽的造型，但当人们将它从那片珠光宝气中分离开来，仔细端详时，它立刻以其独特的风姿征服了在场的每一个人。

它就是陕西历史博物馆珍藏的镶金兽首玛瑙杯。这件玛瑙杯高 6.5 厘米，长 15.6 厘米，口径 5.6 厘米，由一块罕见的五彩缠丝玛瑙精雕细琢而成，玛瑙以红色为主色调，中间有一层呈红润乳白色的夹心状纹理，材质莹润，纹理细腻，层次分明。

当时的手工艺人匠心独运，将整件器物制成了一只兽角的形状，兽角的尖端为杯子的前部，雕刻成牛形兽首的形态。兽眼圆睁，直视前方，炯炯有神。兽头上方雕刻出一对向后弯曲的羚羊角，角上的螺纹也被细致地刻画出来，角的尖端与杯身相连。两只兽耳齐向后抿。想来是工匠曾对着这块石料进行了一番深入的构思，将玉雕工艺中的“俏色”技法发挥得这般淋漓尽致，才使得兽首造型与玛瑙本身的天然纹理完美而巧妙地契合在一起。

兽首的口鼻处镶有一个金帽，其实就是一个金质的塞子。金帽上细致地刻画了双唇紧闭的兽嘴和鼓起的兽鼻，甚至连唇边的胡须毛孔都被精心地錾刻了出来。当杯中盛满美酒，卸下金帽时，美酒即可自流泄出。金色的兽嘴与暗红的玛瑙形成色彩上的反差对比，凭一点金光提亮了色泽偏暗的整件器物，起到了画龙点睛的作用，给人以强烈的视觉冲击。

“兽角”较粗的一端被工匠雕琢成杯口，口沿下方又雕刻了两圈凸起的弦纹作为点缀，与精雕细琢的兽首部分相呼应，使整件器物浑然一体。

这件镶金兽首玛瑙杯是唐代玉石器中做工最为精湛的一件，代表了唐代玉石雕刻工艺的巅峰水平，是一件无与伦比的艺术瑰宝。

从器物的造型来看，这件玛瑙杯与中原传统器物风格迥然不同。为什么唐代的遗宝中，会出现这种域外风格的器物呢？它究竟产自哪里？它曾经的主人又是谁？需盛放何等品质的琼浆玉液才能不负它的精巧与华美？

这件低调而奢华的玛瑙杯，在地下沉睡了千年，然后挟着来自遥远大唐的诸多谜团，突兀地出现在世人面前。与泥土为伍，却不被污泥浸染，与金器同出，又无意与其争辉，这种高冷孤傲的神秘感让人们忍不住想要穿越回 1000 多年前的唐朝，对它扑朔迷离的身世一探究竟。

这件兽首杯的材质是西域盛产的一种缠丝玛瑙。在古人看来，玛瑙以红为佳，但不能全红，须与黄、白、青等色的纹理相杂交错才是上乘的好料。在这样的评判标准下，人们普遍认为优质的玛瑙产自西方。早在魏晋时期，西域的玛瑙制品开始流入中原地区，深受当时贵族阶层的喜爱。到了唐代，盛世局面引得万国来朝，丝绸之路上东西方贸易往来和文化交流更加频繁，西域的玛瑙制品得以更多地流入中国。

关于这件镶金兽首玛瑙杯的产地，专家学者们基于史实提出了各种观点。有人认为它是一件来自西域的贡品，当年随着丝路上的驼队跋涉万里，来到长安，被进献给了当时唐朝的皇帝。有人认为它是唐朝工匠用西域进贡的玛瑙，以精湛的雕刻技艺仿异域器物的风格雕琢而成，还有可能是出自当时居住在长安的粟特工匠之手。总之，各种观点莫衷一是，它的产地和来历成了学界存有争议的问题。但这些观点又都从侧面反映了大唐盛世下文化的包容性和多样性。

关于它的造型和用途，专家们则基本达成了共识。这种造型的玛瑙杯，是西方的一种叫作“来通”的酒杯。“来通”是希腊语的译音，意为“流出”。这种器物大多做成兽角的造型，杯底有孔，酒浆可从中流出，犹如漏斗一般，在中亚和西亚地区十分常见。当地的人们认为来通是圣物，用它来注敬神的酒，可以防止中毒，举起来通将酒一饮而尽是向神致敬的表示，因此常用于重大的礼仪和祭祀活动。后来，这种来通酒杯沿着万里丝路不断东传，沿途经过的地区和民族将自己的文化特色融入其中，使得来通的形制变得更加丰富多彩。

开放而又自信的唐朝贵族，对新奇事物的追求蔚然成风，其中一个表现，就是对“胡风”事物的青睐，从胡人的服装、食物到乐舞、用具，他们都有着浓厚的兴趣。在这样的风尚下，胡人的这种造型奇特的酒杯，也自然成了唐朝贵族阶层宴饮时代表着流行趋势的用品。

从专家对何家村窖藏的研究来推测，也许这件镶金兽首玛瑙杯来到长安后，或者在长安的能工巧匠手下诞生后，被进献给了唐天子，之后又辗转到了尚书租庸使刘震的府上。公元783年，泾原镇爆发了兵变，叛军攻入大明宫，拥立节度使朱泚称帝，大肆掠夺皇宫里的奇珍异宝，唐德宗被迫出逃。租庸使刘震情急之下只好仓促地将这件镶金兽首玛瑙杯连同其他珍贵的金银财宝装入两只大陶瓮和一个银罐，将它们深埋入兴化坊附近的地下。后来刘震夫妇被惩以极刑，这处地下宝藏成了无人知晓的秘密。

日月流转，千年的光阴漫长而又短暂。1000多年后，这件玛瑙杯带着浓郁的异域气息，重新展现在世人面前。虽然我们对它的故事还未能全部了解，但我们至少可以想象，千年前的大唐贵族们，在灯火辉煌的殿堂之上，身穿胡服，一边欣赏着风格健朗、节奏明快的胡旋舞，一边擎着玛瑙杯，正在进行一场沉浸式的胡风宴饮。杯中的葡萄美酒，在跳动的烛光中，在胡姬舞动的身影间，散发着醉人的醇香。而这件镶金兽首玛瑙杯，也在这一片浓郁的胡风氛围中，展现着大唐盛世的柔情与浪漫……

小贴士

陕西历史博物馆珍藏的这件镶金兽首玛瑙杯，是唐代玉石器中做工最为精湛的一件，代表了唐代玉石雕刻工艺的巅峰水平，是一件无与伦比的艺术瑰宝，已被列为我国禁止出境的珍贵文物之一。它反映了唐代丝绸之路上东西方的商贸往来和文化交流的盛景，具有非常重要的艺术价值和历史价值。

参考文献：
① 项坤鹏．何家村窖藏出土兽首玛瑙杯考略 [J]．文物天地，2021(3).
② 陈志涛．镶金兽首玛瑙杯：含华炳丽暗琼觞 [N]．陕西日报，2020-06-30(12).
③ 孙机．论西安何家村出土的玛瑙兽首杯 [J]．文物，1991(6).
④ 韩香．绮席卷龙须，香杯浮玛瑙：何家村出土玛瑙杯与中西文化交流 [M]//周伟洲．西北民族论丛：第八辑．北京：中国社会科学出版社，2012.
⑤ 于赓哲．外来文化对唐人生活的影响 [J]．紫禁城，2014(10).

29 大唐宫廷的盛装舞步
——鎏金舞马衔杯纹银壶

唐朝开元年间，唐玄宗在大臣的提议下，将每年八月初五自己生日这一天，设立为“千秋节”，意欲普天同庆，与民同乐。这一天，民间的大街小巷张灯结彩，鞭炮齐鸣，热闹非凡，以此来庆贺当朝天子的诞辰。皇宫中更是大摆千秋筵席，群臣进献寿礼，为唐玄宗贺寿。

八月初五这天，天还没亮，长安皇宫里的禁军已经立好旗帜，列好阵仗。宫女们正在紧张地忙碌着，她们在为庆祝千秋节做着最后的准备工作。皇宫里到处洋溢着节日的喜庆气氛。

吉时一到，唐玄宗与满朝文武欢聚在兴庆宫的勤政务本楼。这一天，守备森严的兴庆宫大开宫门，允许长安城的平民百姓前来观礼。唐教坊专门为庆典创作了一曲颇具龟兹风格的《千秋乐》，此外《清平乐》《蝶恋花》等精彩曲目一一上演。

悠长的音律在一片喜庆祥和中于皇宫上空飘荡，彰显着磅礴而恢宏的盛世气象。唐玄宗还在勤政楼前的广场上，别出心裁地安排了精彩的舞马、旱船、走索、丸剑、角抵等表演，引得数万百姓前来观礼祝寿，那场面蔚为壮观。

在这台大型乐舞晚会上，最让唐玄宗得意的节目就是舞马。这百余匹舞马事先已经受过严格的训练，表演前会有专人为它们披挂上锦缎彩衣，并佩戴华贵的金银珠玉作为装饰。宫廷为了给这些舞马伴奏，还专门配备了一支乐队。乐师们统一着装，均是风度翩翩的俊美少年。

当《倾杯乐》的乐曲声响起时，这些舞马就会随着乐曲的节拍翩然起舞，时而昂首摆尾，时而腾跃旋转，展现各种优美的舞姿。最后，领头的舞马会衔起盛满酒的酒杯，走到唐玄宗面前，微蹲后腿，以向唐玄宗祝寿的姿态结束表演，将庆典的气氛推向高潮。时任宰相的张说，在庆典上专门写了诗文，极尽溢美之词来盛赞，其中就有“屈膝衔杯赴节，倾心献寿无疆”这样的诗句。

在陕西历史博物馆的金银器展厅中，有一件造型优雅的银壶被展放在一个独立展柜中，看起来十分特别和尊贵。这件银壶在 1970 年出土于陕西西安南郊的何家村窖藏，上面因有舞马形象的鎏金装饰，文物专家将这件银壶命名为“鎏金舞马衔杯纹银壶”。这件银壶的出土，使唐朝舞马这段传说变成了现实，印证了各类文献中频频提及的舞马的存在。

银壶通高 14.8 厘米，口径 2.3 厘米，重 549 克，由纯银打造而成。壶身呈扁圆形，造型上模仿了北方游牧民族契丹族使用的皮囊壶。逐水草而居的游牧民族利用他们盛产的皮革，创造了皮囊壶，用于日常放牧时携带酒水。后来这种形制的壶还有了陶瓷、金属等不同材质，反映了唐朝初期少数民族与中原文化交流的盛况。

银壶肩上有一条两端装饰着三朵花瓣的弓形提梁，壶口上方带有一个锤揲成覆式莲花瓣形的壶盖，在壶盖的中央铆着一枚小小的银环。为了防止壶盖丢失，工匠还打造了一根 14 厘米长的银链将它和提梁相连。

壶身是由一整块银板锤打成形，再用预先准备好的模具在壶腹内部向两侧压制出两匹相互对应的骏马形象。这种方法可以使骏马的肌肉线条更加清晰，更富质感，同时还能形成一种更加立体的浮雕效果。然后再将银板合围焊接在一起。经过工匠反复的打磨，壶身接缝处已经几乎看不出焊接的痕迹。壶底与圈足的相接处有一圈同心结纹饰。

这件银壶最大的亮点，正是壶身两侧装饰的两匹骏马。骏马的脖子上系着绣花的飘带，后腿弯曲蹲坐，前腿直立，尾巴高高地扬起，嘴里衔着酒杯呈跪拜的模样，显得极为温驯和乖巧。这种骏马，正是千秋节上为唐玄宗衔杯祝寿的舞马。

唐玄宗李隆基酷爱养马、驯马，是一个骑术高超的皇帝。他曾遍寻天下好马，亲自将其调教成为舞马，并按毛色予以分类，配以奢侈至极的金银珠玉做装饰，形成了一个耗资巨大的大型舞马队。在唐玄宗执政期间，唐朝国势强盛，这让他有足够的钱财投到这一兴趣爱好中。而一年一度的“千秋节”，也逐渐成为唐玄宗向外国使臣展示盛唐气象的大型秀场。

面对着文武百官、少数民族首领和外国使臣的朝贺，面对着万千子民的歌功颂德，在引以为傲的舞马表演的助兴下，唐玄宗渐渐迷失了自我，变得骄奢淫逸、纵情声色，为大唐盛世走向衰落埋下了隐患。

唐玄宗在位后期，纵情享乐，怠于朝政。杨氏一族凭杨贵妃受宠而迅速崛起，杨国忠作为杨贵妃的兄长，得到唐玄宗的宠信，权倾朝野，富甲天下，统治阶级内部矛盾加剧。此时的唐朝，经济上土地兼并愈发严重，农民无地可种沦为流民，造成了社会的动荡。地方将领拥兵自重，成为势力庞大的军阀，逐渐威胁中央王朝的统治。

这些社会矛盾犹如一股股的暗流，悄然涌动着、酝酿着，终于汇聚成一场冲击大唐江山的暴风骤雨。

公元 755 年，节度使安禄山、史思明突然起兵，发动了叛乱，史称“安史之乱”。叛军如潮水般攻入长安，唐玄宗不得已弃城而逃。这次叛乱，成为唐朝由胜转衰的转折点。

唐玄宗仓皇出逃后，他曾经钟爱的那些舞马散落到安禄山手下的一员大将田承嗣手中。田承嗣没见过舞马的表演，将它们当作普通的战马养在马厩中。有一天，军中宴乐，舞马听到乐曲声后就翩然舞动起来。军士见此情景大为惊骇，认为这些牲畜中了妖邪，向田承嗣做了汇报。谁知这田承嗣大手一挥，下了一道命令，可怜这些充满灵性而又温驯乖巧的舞马就此一命呜呼。

从此，唐朝的皇宫里，再也不见了舞马衔杯的祝寿舞步，那盛行一时的表演随着这场叛乱风暴在历史的舞台上永远地谢了幕。幸运的是，这件鎏金舞马衔杯纹银壶穿越 1000 多年的光阴，留传了下来。我们通过它，还能领略些许盛唐衔杯舞马的风采。

不知当年，勤政楼上微醺的唐玄宗，在向万国使者和万千子民展示他的舞马之时，是否想到过“居安思危”“物盛则衰”的古训，是否预见过大唐的国运即将遭受重创，马嵬驿兵变将夺去爱妃的一缕芳魂。

我想他一定没想过这些。否则，大唐王朝的历史将是另一个故事。

小贴士

陕西历史博物馆珍藏的这件鎏金舞马衔杯纹银壶，保存完好，造型别致，工艺精湛，是盛唐时期金银工艺品的典型代表，反映了少数民族与中原地区文化交流的盛况，印证了盛唐时流行的宫廷舞马活动，具有十分重要的历史价值。

参考文献：

① 高智颖．大唐兴衰的见证：鎏金舞马衔杯纹银壶 [J]．文物世界，2020(6).

② 张雷．鎏金舞马衔杯纹银壶与唐代舞马 [J]．上海文博论丛，2005(1).

③ 丹江．舞马衔杯银壶：唐代窖藏文物故事 [J]．两岸关系，1999(3).

④ 高建新．舞马与唐王朝的盛衰 [J]．内蒙古大学学报：哲学社会科学版，2013(4).

⑤ 于海博．论唐代舞马的马匹来源及管理机构 [J]．沧州师范学院学报，2015(4).

30 威武庄严，帝国强兵
——秦跪射俑

在陕西省西安市临潼区城东 5 千米处，有一座气势恢宏的帝王陵园，它就是著名的秦始皇陵。秦始皇陵是我国古代规模最大、结构最复杂、埋藏最丰富的帝王陵墓。1961 年，秦始皇陵被国务院公布为全国重点文物保护单位。

为了更为妥善地加以保护，目前秦始皇陵的地宫尚未被发掘，其内部的具体情况还不为人知，但已发掘的随葬兵马俑坑早已蜚声海内外，被誉为“世界第八大奇迹”。

说起兵马俑坑的发现，还要将时光倒回到 20 世纪 70 年代。

那是 1974 年 3 月，陕西正遭遇着严重的旱情。临潼县（今西安市临潼区）骊山镇西杨村的村民为了应对旱情，决定在村子里打上几口水井，以解决村里的用水之需。3 月下旬的一天，村民们在村南打井时，意外挖出了一些陶俑的碎片。从碎片的尺寸来推测，这些陶俑的大小应与真人相仿。村民们以为这里是砖瓦窑，并没有在意。还是当地一位管水利的干部提醒大家，这些可能是文物，不要随意乱动，并让大家不要继续向下挖了。随即他将这一情况向当地县政府做了汇报。第二天，县里就派了专家来到西杨村实地调查，并将村民挖出来的陶俑碎片装车拉回了县里。

当时大家都没想到，他们无意间竟然牵出了一场震惊中外考古界的重大发现。省里很快组建了专门的考古队伍，前往现场勘探和试掘。经过几轮详细的探查，考古人员在这里发现了一个规模庞大的随葬坑，里面埋藏着数量惊人的兵马陶俑，是秦始皇的地下军阵。考古人员将其编号为 1 号坑，同时根据经验推测，按照中国古人讲求平衡对称的观念，这里的俑坑应该不止这一个。1 号坑位于秦始皇陵的东边，那在皇陵的西、北、南三个方向会不会还有俑坑存在呢？

果然，考古人员经过耐心而细致的勘探，于 1976 年 4 月在 1 号坑的东端北侧再次发现了一个东西长 96 米、南北宽 84 米的曲尺形兵俑坑，即 2 号兵马俑坑。2 号坑的兵种更齐全，也更壮观，是由骑兵、战车和步兵组成的一种多兵种协同作战部队。考古人员在 2 号坑发掘出土了陶俑陶马 1300 多件，战车 80 余辆，青铜兵器数万件，更是首次发现了跪姿射俑。

这些跪姿射俑出土时位于 2 号坑东端的弩兵阵中心，它们穿战袍披铠甲，左腿曲蹲，右膝着地，双手置于身体右侧呈握弓弩待命发射的姿态。

兵马俑坑中出土的大多数陶俑都有不同程度的损伤。唯有这些跪射俑保存状况基本完好。这是因为跪射俑与其他挺拔站立的兵俑相比，蹲跪的姿势使得重心更低，稳定性也就更好。当上方的土木结构发生垮塌时，站姿陶俑首先被坍塌的木石击中，导致被砸伤或重心不稳而倾倒摔伤，而低矮的跪射俑在站姿陶俑的“保护”下，大概率可以避免这种“天降横祸”。得以完好保存下来的跪射俑向人们展示了它们极为精细的做工，无论是神态装束，还是甲片、鞋底，堪称以超写实的雕塑手法，真实展现了大秦帝国的王师雄风。

在这些跪射俑中，有一尊保存最完整，也是唯一一尊未经过人工修复的兵俑，文物价值极高，如今已经成为秦始皇帝陵博物院的镇馆之宝。

这尊跪射俑通高 128 厘米，它右膝跪地，左腿蹲曲，上体微微向左侧转，双手在身体右侧一上一下做握弓状。陶俑的衣纹和铠甲线条流畅而自然，真实地反映出人物的动态。陶俑目光炯炯，正视前方，表情冷峻，流露出秦王朝士兵的英气与威严。令人惊叹的是，陶俑鞋底疏密有致的针脚都被工匠刻画了出来，反映了工匠雕塑秦始皇去世后的地下军队时，秉承了极其严格的写实精神。

秦始皇陵的兵马俑数量众多，几乎完全按照真人比例制作，而且每个陶俑的面容、神情都各不相同，可见并非模制方式批量生产出来，这需要消耗大量的人力和财力。那秦始皇为什么要做这么多兵马俑来为他陪葬呢？我们或许可以从秦始皇的生平经历来寻找答案。

据文献记载，战国时期，秦庄襄王嬴异人早年在赵国做人质。随后秦赵两国关系恶化，不时发生战争，异人在赵国作为人质备受冷遇。后来异人在邯郸与赵姬育有一子，为其取名嬴政。这个孩子日后成为中国历史上第一个以“皇帝”自称的君王——秦始皇。秦始皇有着雄才伟略，一生功绩卓著，但也因暴虐而颇具争议，后世的人们对他褒贬不一。

公元前 247 年，年仅 12 岁的嬴政继承了王位。由于年少，朝政当时实际上由丞相吕不韦把持。公元前 238 年，21 岁的秦王即将亲政时，长信侯嫪毐（lào ǎi）突然发动叛乱。嬴政早已察觉到嫪毐的意图，提前布置了精兵英勇出击，叛军溃败，嫪毐落荒而逃，后来被抓获并被处以极刑。

第二年，嬴政免除了吕不韦的丞相之职，并将其放逐巴蜀。吕不韦自知气数已尽，饮下了毒酒。至此，嬴政将秦国的军政大权牢牢地掌握在了手中，几年后，他在李斯、王翦、蒙恬等能臣良将的辅佐下，带领秦国开创了历史上最辉煌的霸业。

公元前 230 年，是秦王嬴政在位的第 17 个年头。这一年，秦国的铁骑踏破了韩国国都的大门，韩国覆亡。公元前 228 年，秦将王翦破邯郸，定赵地，赵王被俘，赵国亡。公元前 226 年，秦国的大军攻下燕国都城，燕王迁都求和。此时的燕国已经名存实亡，不足为患，于是嬴政转而将目标瞄准了魏国，将主力大军调往对魏的战线上。公元前 225 年，秦将王贲受命攻打魏国，很快包围了魏国都城大梁，引黄河之水淹城，魏王出降，魏国灭亡。秦国战马马不停蹄，一路南下，直逼荆楚。公元前 223 年，楚国亡。同时，嬴政分兵进击辽东，彻底扫除了迁都到此的燕国残余势力，灭掉了燕国。公元前 221 年，王贲率领秦国大军由原辽东燕地南下攻打齐国，齐国不敌秦国的威武雄师，齐王被俘，齐国灭亡。至此，秦王嬴政用了 10 年的时间，吞并六国，横扫天下。随即南征百越，北击匈奴，终于结束了长期的分裂局面，建立了中国历史上的第一个统一的帝国。

秦王朝建立后，嬴政自称“始皇帝”，建立帝制，统一文字、货币、度量衡，使庞大的帝国有了统一的管理。为了抵御北方匈奴的骚扰，还修建了雄伟的长城。

嬴政在世的时候，曾遍寻神山仙岛，欲求长生不老之方，以保大秦的基业千秋万代。同时，也为自己修建了恢宏的地下王宫——倘若长生不得，死后仍要率领大秦的将士征战四方。然而要组建地下军队，需要大量的活人殉葬。后来他在大臣的建议下，改用与真人相仿的陶俑。这些兵马俑历经 2000 多年的漫长历史，重见天日时，将大秦王师的威武庄严真实地呈现在世人面前。

嬴政执掌这个庞大的帝国 37 年后，在出巡的途中去世，而他一手创建的大秦帝国仅传二世就轰然坍塌，如转瞬即逝的焰火般，在历史的天空只留下了刹那的璀璨芳华。

小贴士

秦始皇帝陵博物院珍藏的这尊跪射俑，是秦陵出土的兵马俑中保存最完整，也是唯一一尊未经过人工修复的兵俑。兵俑形象逼真传神，艺术价值和文物价值极高，如今已成为秦始皇帝陵博物院的镇馆之宝。这尊兵俑反映了秦代陶艺工匠的精湛技术，对研究秦朝历史文化及秦始皇其人有着重要的学术意义。

参考文献：

① 徐卫民．壮观的地下军阵：记秦始皇陵兵马俑坑 [J]．文物天地，2001(2).
② 王谦．秦始皇陵兵马俑发掘始末 [J]．文史春秋，2003(8).
③ 袁仲一．秦始皇陵兵马俑的发现与发掘 [M]// 秦始皇兵马俑博物馆《论丛》编委会．秦文化论丛：第十辑．西安：西北大学出版社，1999.
④ 王玉清．秦始皇陵东侧第二号兵马俑坑钻探试掘简报 [J]．文物，1978(5).
⑤ 王兆麟．揭开秦俑二号坑真面目 [J]．开发区导刊，1994(9).

31
秦王铁骑安天下，天策神驹建奇功
——昭陵六骏

公元 636 年是唐太宗李世民执政唐王朝的第十个年头。这一年，与他朝夕相伴的长孙皇后病逝，临终前叮嘱他丧葬事宜一切从简。然而，唐太宗并未遵从长孙皇后的遗愿，决心营建一座气势恢宏的皇陵来作为皇后和自己死后的长眠之所。这座陵墓就是“昭陵”。

昭陵位于今陕西省咸阳市礼泉县东北九嵕（zōng）山的主峰上。唐太宗参与了整座陵墓的规划和布局——他要让自己的陵寝充分彰显出大唐王朝的皇家气派。在构思逝后居所的日子里，唐太宗不时地回想起自己曾经驰骋沙场的戎马生涯。

唐朝初年，李渊称帝，是为唐高祖。然而当时群雄割据，天下未定。李渊次子李世民领兵镇压窦建德、刘黑闼等起义军，消灭薛仁杲、王世充等割据势力，为大唐王朝肃清威胁、一统天下立下了赫赫战功，被封为秦王。曾经陪着他征战四方、最后壮烈牺牲的那 6 匹战马，也成了李世民心中功勋卓著的功臣。

这 6 匹战马名为青骓（zhuī）、什伐赤、飒露紫、拳毛䯄（guā）、白蹄乌和特勤骠（biāo）。青骓是一匹青白杂色骏马，极为迅捷，曾陪伴李世民深入窦建德军阵；什伐赤是一匹来自波斯的枣红色骏马，是李世民在洛阳与窦建德、王世充交战时的另一匹坐骑；飒露紫因毛色偏紫而得名，在李世民与王世充在洛阳邙山的一次交战中，前胸中箭；拳毛騧周身旋毛卷曲呈黄色，其貌不扬但极擅奔跑，为李世民平定刘黑闼时所乘，拳毛騧为了保护主人，身前中 6 箭，背中 3 箭，战死阵前；白蹄乌是一匹四只白蹄的纯黑色战马，李世民与薛仁杲作战时的坐骑；特勤骠则是平定宋金刚时所骑，陪伴李世民连夜追敌 200 多里，此马周身呈黄白色，嘴部微黑。

唐太宗命著名画家阎立本画出这 6 匹骏马的图形，再由雕刻家阎立德按图形分别刻于石材之上，由大书法家欧阳询将御制赞词誊写出来，再由工匠依样錾刻到石材上的一角，然后别出心裁地将这 6 块大型高浮雕石刻立于昭陵北司马门内，是为“昭陵六骏”。

“昭陵六骏”选用了优质的石材，且石材尺寸规格基本一致。“六骏”每块宽 3 米，高 2.5 米，四周留有凸起的边框。这些石刻作品构图简练，极富艺术感染力，骏马神情和姿态各异，雕工细腻，连马身上的配饰都细致地刻画了出来。其中三匹呈奔跑飞腾之态，三匹呈静默站立之姿，均健硕有力，神韵飒爽，展现出英勇无畏的气概。飒露紫则更为与众不同，因为它是六骏中唯一一块带有人物的石刻。这个人是李世民的部将丘行恭，画面展示的是飒露紫在战斗中前胸中箭，丘行恭替它拔出箭矢的情景。

此后的 1000 多年，昭陵六骏在风雨的侵袭中，历经了王朝的更迭和风云的变幻，一直守护着主人的亡灵，陪他一起追忆曾经热血燃烧的岁月。原本以为这样祥和的日子能延续到下一个千年，却不承想在 20 世纪初，昭陵六骏遭受了一场粉身碎骨的无妄之灾，更是有两骏被贩卖到国外，与其他四骏天各一方，至今未归。这一场旷世离别已经长达一个多世纪。关于这两骏被贩卖的具体过程，说法较多，其中一个故事是这样的。

1913 年 5 月的一天，法国人戈兰兹将飒露紫、拳毛䯄剥离下来准备偷运，不料被当地群众发现并挡住。情急之下，盗贼将石刻推到山崖下，石刻遭到损毁。没多久，残破的两骏被陕西军阀张云山所得。

1914 年夏秋之际，新到任的陕西督军陆建章通过缩编军队，变相地夺了张云山的权，同时也占了他搜刮来的各种财物，其中就包括这两块价值连城的石刻。同年秋，美国宾夕法尼亚大学（以下简称“宾大”）博物馆的毕士博来到中国，他以文物调查之名踏上中国的国土，目光也锁定在了昭陵六骏的身上。

毕士博通过结识北京著名古董商赵鹤舫，一步一步地接近了他心中梦寐以求的东方艺术珍品。当时赵鹤舫与袁世凯的儿子袁克文交情甚笃，毕士博趁机提出想要一睹昭陵六骏的风采，受过他小恩小惠的赵鹤舫满口答应下来，随即请袁克文出面协调此事。而此时飒露紫和拳毛䯄正在陆建章手中，他岂敢驳总统家二少爷的颜面，立刻将这两块石刻分为碎块装箱，并紧急送往北京赵鹤舫处，将事情办得妥妥帖帖。

赵鹤舫拿到了昭陵六骏其中之二，内心欢喜至极，但苦于没有能力将它们运往国外，就倒了一遍手，将它们卖给了另一个大古董商卢芹斋，并从中赚了一笔。可怜飒露紫和拳毛䯄，遇见了卢芹斋，就注定了日后漂泊万里难回故土的命运。

卢芹斋是当时影响力和实力都堪称一流的大古董商，从他手上流失到海外的中国文物不计其数，对中国的文化造成了不可估量的损失。宾大博物馆得知飒露紫和拳毛䯄在卢芹斋手中，就盛情邀请他携这些艺术珍宝参加他们庆祝新馆落成的中国艺术品展。这其实是一个拙劣的谎言，双方都心知肚明而又心照不宣。一方似乎想无偿得到这无与伦比的艺术瑰宝，另一方想将它们变卖成真金白银，装进自己的腰包。

卢芹斋自然是欣然接受了邀请，很快飒露紫和拳毛䯄被送到了费城宾大。卢芹斋原本以为对方会很快进入洽谈收购的环节，没想到等了半年之久仍不见任何动静。急于将文物出手的他只好想办法与对方周旋，绞尽脑汁想要尽快促成这单交易。

事情的转机在于波士顿博物馆的介入。既然宾大无意购买，波士顿博物馆则带着满满的诚意前来洽购，这无疑给宾大方面施加了不小的压力。卢芹斋正是利用这一机会，在频繁催促又"保持了一定的体面"后，最终促成了这笔金额高达 12.5 万美元的文物交易，飒露紫和拳毛䯄就这样留在了宾夕法尼亚大学博物馆。

然而宾大的毕士博并不满足于此，还惦记着中国境内昭陵的其余四骏。1918 年，他联络赵鹤舫，疏通了陕西当地的关系，将其余四骏盗出昭陵的北司马门，就在西安草滩将它们分为碎块准备装箱运出陕西时，当地民众及时赶到，才阻止了国宝的外流。截获下来的四骏被安置在陕西省图书馆。1949 年，陕西省图书馆将四骏移交陕西省历史博物馆，即今西安碑林博物馆，四骏得以保存下来。后来，专业的文物修复师对它们进行了修复。1961 年，文物专家根据飒露紫和拳毛䯄的拓片、照片等数据分析制作了一份复制品。

此后几十年，中方多次同宾大交涉归还二骏未果。如今，这两件精美的浮雕石刻仍在万里之外，与家乡的 4 位兄弟遥遥相望，却归期渺渺。时至今日，国内社会各界仍在不遗余力地做着努力，希望早日迎接漂泊海外的国宝回家。

当六骏再次聚首，那将又是一个振奋人心的传奇故事。

小贴士

昭陵六骏是一组集艺术、文物、历史价值于一体的唐代石刻精品，它们出自名家之手，以写实手法和象征意义，充分显示了唐王朝的盛世雄风，是具有鲜明时代特征、充满昂扬向上的时代精神的物质载体，是中国古代石刻艺术史上的不朽杰作。

参考文献：

① 天福，庞联昌．民国初年昭陵六骏的离散 [J]．大众考古，2014(8)．

② 李浪涛．人马情未了：唐太宗与“昭陵六骏”[J]．文物天地，2002(2)．

③ 陈文平．昭陵两骏流失海外真相新证 [J]．收藏，2017(2)．

④ 周秀琴．昭陵两骏流失始末 [M]// 西安碑林博物馆．碑林集刊：八．西安：陕西人民美术出版社，2002．

⑤ 王世平．昭陵六骏被盗经过调查 [J]．四川文物，2008(5)．

⑥ 张笑涵．昭陵六骏与李世民 [J]．北极光，2019(12)．

西安博物院

32 清官进献皇帝的礼物
——“李勉奉进”双鱼蔓草纹银盘

1975 年 8 月的一天，位于西安市的西北工业大学职工 7 号楼基建工地上正在施工。一个工人在铲土平整土地时，铁锹碰到了什么硬东西，发出了砰的一声。工人觉得奇怪，就放下工具，蹲下身在刚发出响声的位置徒手拨开上面松动的土层，没想到竟然在泥土里发现了几个不明金属做的碗和盘子。工人将它们挖了出来，使劲擦掉上面沾着的泥土，只见这几个碗盘上刻着些非常精致的花纹，在阳光下闪着银光。原来，他在地里挖出的是几件银器。工地挖出宝贝的消息很快就在工人间传开了。工地负责人听闻后，连忙赶到现场查看，只见这几件碗盘花纹精美，做工精细，不像是普通的物件，便猜测它们很可能是文物，于是连忙将这一情况向当地的文物部门做了汇报。文物部门接报后，当即安排考古人员来到现场调查。

考古人员在挖出银碗盘的位置周围进行了仔细的探查，并未发现古墓等历史遗迹，也未再有其他历史遗物出土，于是初步判断这是一处窖藏。此地一共出土了银盘、银碗各两件，从它们的器型和装饰工艺来看，应为唐代的金银器。其中一件银盘盘底的铭文证实了考古人员的猜测。后来，这件银盘被西安博物院收藏。

这件唐代银盘高1.2厘米，直径17厘米，边宽2厘米，保存状况良好，完整无残缺，造型十分精美。银盘为平底无圈足，口沿微敞，内底中心以双鱼为主体纹饰，双鱼之外环列两层忍冬蔓草纹，中间以环形折枝花叶纹带隔开。蔓草纹是一种以植物为基本元素的传统装饰纹样，其形态一般为在一条连绵不断的“S”形波浪状的主茎上，装饰各类花卉、草叶等纹样。这种纹饰在唐代时发展到鼎盛，成为国际上驰名的“唐草纹”。

长安的能工巧匠用锤揲这一金银细作技法，先锤出银盘的造型，再用錾金的方法錾刻出纹样的细节处和纹样间隙的“珍珠地”底纹，然后用错金法在银白色的底纹上嵌入金色的团花，尤其是银盘中心的双鱼，那金光闪闪的鱼鳞，是用134片金叶镶嵌而成的。一件小小的银盘，用到了锤揲、錾金、错金、嵌金等诸多烦琐而复杂的金工技艺，令人叹为观止。

更让文物专家惊喜的是，银盘的盘底錾刻有数十字的铭文，这在已发现的唐代金银器中实属罕见。铭文为：“朝议大夫，使持节都督洪州诸军事，守洪州刺史，兼御史中丞，充江南道观察处置者团练，守提及莫谣等使，赐紫金鱼袋，臣李勉奉进。”因此，文物专家将其命名为“‘李勉奉进’双鱼蔓草纹银盘”，这件银盘正是唐朝宰相李勉进献给皇帝的贡品。

李勉是唐高祖李渊的第十三子郑王李元懿的曾孙。他自幼熟读经史，成年后沉静文雅、清正严峻。据《太平广记》记载，李勉年少时，曾在外游历，与一名书生住在了同一家客栈。没过多久，书生得了重病，不治身亡。在弥留之际，书生拿出黄金百两，委托李勉帮自己料理后事，并要将剩余的黄金赠予他。李勉为了让书生安心，就答应了他的请求。书生去世后，李勉信守承诺，妥善地安葬了他，但他并未将书生剩余的黄金据为己有，而是藏在了书生的棺材下面。多年以后，书生的哥哥得知是李勉安葬了弟弟，前来拜访并追问剩余黄金的下落。李勉专程请假带他去了埋葬书生的地方，并取出剩余的黄金交还给了他。

李勉出仕后先在开封担任县尉一职。开封地处水陆交通要道，民居庞杂，颇难治理。李勉在任时凭借才干和正气，擒拿奸邪、揭发恶事，做出了一番成绩。

公元 755 年，安史之乱爆发，唐玄宗携杨贵妃及杨国忠等皇亲国戚和部分大臣出逃，行至马嵬驿时，军士哗变，奸相杨国忠一家被杀死于乱军之中，杨贵妃也被赐死。太子李亨本想借这一机会铲除政敌杨国忠，同时逼宫唐玄宗。没想到功败垂成，协助李亨发动哗变的将军陈玄礼，与太子一致的目标仅仅是铲除奸相，而非逼宫唐玄宗。李亨只好北上，前往灵州（今宁夏灵武）另谋发展。李勉则选择了随李亨前往。后来李亨在灵州登基称帝，是为唐肃宗，遥尊唐玄宗为太上皇，李勉被擢升为监察御史。

肃宗登基后，有功勋的大臣备受恩宠，以致有的人恃宠而骄，毫不顾忌君臣礼仪。身为监察御史的李勉性情耿直，对此等怠慢无礼的行为毫不姑息，严厉弹劾，肃正了朝臣不知礼仪的风气，得到了肃宗的盛赞。

公元 767 年，李勉荣升京兆尹兼御史大夫。当时的宦官鱼朝恩受皇帝宠信，知国子监事，每次到国子监视察，总要带数百个随从，前呼后拥，排场极大。前任京兆尹则要专门为他们准备数百人的丰盛酒食，不堪其扰，但又无可奈何。李勉到任后，专门吩咐下人对鱼朝恩这种污吏不予过分招待。飞扬跋扈的鱼朝恩在李勉这里碰了钉子，不敢再来骚扰，同时也怀恨在心。

李勉一生为官，衣食朴素，钱财都用来救济乡亲和抚恤阵亡军士的家属，即便他凭借自己卓越的军事、政治才能，官至宰相，历经玄宗、肃宗、代宗、德宗四朝，成为中唐时期德高望重的人物，依旧简朴如故。

这样一个清廉的人，为何还要向皇帝进献贡品呢？这就不得不提及唐朝地方官吏向皇帝进献财物的习俗。这一习俗始于唐高宗和武则天掌权时期，到了唐玄宗时，更加盛行。最初地方官吏还只是进贡一些当地的特产，后来贡品变得越来越贵重，动辄金银珠玉、奇珍异宝。这些财帛属于正常赋税之外的额外进奉，不入国库，直接供皇帝支配。久而久之，君臣之间交流情感的习俗变成了行贿受贿的歪风邪气。

唐朝中期，朝廷自上而下腐败严重，李辅国、鱼朝恩等宦官专权，很多正直的大臣被这些手握大权的奸佞小人肆意打压，生性耿直的李勉就深受其害。无奈之下，他只能加入贿赂和取悦皇帝的队伍中，希望借贡品向皇帝表露忠心，得到重用，逃离无端的弹劾与倾轧。

公元 788 年，做了 20 多年宰相的李勉病逝，享年 71 岁。他一生清廉，却在唐朝中期污浊的官场上，在冷枪暗箭的威胁下，无奈地选择了他最为不齿的方式来求得自保和晋升。或许，他在弥留之际，回首往事的时候，这个经历仍是他难以释怀的一桩心事吧。

有的时势造就了英雄，有的时势成全了小人。中唐的时势，李勉无力扭转，只能坚守自己的初心，哪怕走到生命的最后一刻，他依然是清清白白，不敛私财，不染尘埃。

小贴士

西安博物院珍藏的这件“李勉奉进”双鱼蔓草纹银盘，是唐代金银器中的一件佳作。它装饰精美，工艺精湛，更有大篇幅的铭文，具有十分重要的艺术价值和史料价值，反映了唐代金银加工工艺的高超水平，对于了解唐朝中期的历史文化有着重要意义。

参考文献：

① 杨宏毅. 唐“李勉奉进”双鱼蔓草纹银盘 [J]. 收藏，2009(7).
② 张大陶. 耿介廉洁的李勉 [J]. 党的建设，1997(Z1).
③ 张裕臣. 奉公终生事 廉洁在其中 唐朝名相李勉二三事 [J]. 吉林人大，2003(10).
④ 任学武，赵建兰. 53 字铭文银盘：中唐贡奉之风可见一斑 [N]. 中国文化报，2010-09-29(6).
⑤ 佚名. 秉性忠直的廉吏李勉 [J]. 中国监察，2006(22).

33 精工琢玉盏，云头映繁星
——云纹玉高足杯

1976 年 9 月 25 日，西安市东大街的文物商店正在营业，一位衣着朴素的农民提着一个袋子走了进来。当时在这里工作的王长启先生接待了他。寒暄几句后，农民表明了身份，说自己是阿房宫公社车张大队人，并说明了来意，然后把手里的袋子小心翼翼地打开，从里面拿出了一件古朴典雅的玉器。

王长启见是一件高足古玉杯，品相完好，是古玉真品，就付给了他 10 元钱。随后这位农民就拿着钱离开了，也没有留下姓名。后来，这件古玉杯几经辗转，被西安博物院收藏，如今正陈列在博物院的展厅里，以其庄重的造型和华美的纹饰向世人展示着它的古朴之美。

这件云纹玉高足杯的玉料呈青色，局部有黄色、褐色沁，通高 14.5 厘米，口径 6.4 厘米，足径 4.5 厘米，直口深腹，腹壁较直，靠近底足的位置微微向内收，下方的高圈足形如喇叭。

玉杯腹部外壁精细地雕刻着 4 层纹饰，杯口下方是一圈四蒂叶子和勾连云纹，腹部则是一圈谷丁勾云纹，下腹部为几何形勾连纹，近足处的纹饰为变形云头纹。圈足上部的纹饰共分为 5 组，每组内有交叉的“S”形几何纹，构思新颖别致，纹饰华丽，被评为国家一级文物。

关于它出土的背景和过程，各方的记录并不详尽。工作人员想进一步了解这件玉杯出土的背景和过程，曾专程来到车张村，但遗憾的是未能找到当年那位交献者。当时人们普遍认为，在阿房宫遗址范围内的车张村是关于玉杯出土地的唯一线索。

后来在一本书中，对这件玉杯的记载又出现了另一个村名——车刘村，与车张村相距 4 千米左右，也在阿房宫遗址范围内，这使得玉杯真正的出处变得更加扑朔迷离。但无论是在车张村，还是在车刘村，似乎都与阿房宫遗址有着千丝万缕的联系。正是基于这一点，人们更加笃信这件云纹玉高足杯出自阿房宫遗址，是一件秦朝的玉器精品，甚至极有可能是秦始皇生前的御用酒杯，并给它取了“秦玉杯”这个别称。

战国末年，群雄争霸。并立的诸侯国间战事频繁，让那时的中国长期处于分裂战乱的局面。从公元前 231 年开始，秦王嬴政挥师征伐各诸侯国，先后攻灭韩、赵、魏、楚、燕、齐六国，结束了诸侯混战的战国时代，建立起一个统一的多民族国家——秦。意气风发的秦王嬴政自认“德兼三皇，功过五帝”，从此自称“始皇帝”，成为我国历史上第一个以“皇帝”作为称呼的君主。

统一六国后，秦始皇为了庆祝胜利，彰显秦国的强盛，便下令在龙首原西侧营造一座规模宏大的宫殿，来作为天下朝宫，使之成为秦朝的政治中心。因其前殿所在地为阿房，时人称之为“阿房宫”。嬴政原本想等宫殿全部竣工再正式命名，可惜他花费半生精力和心血打下的江山社稷，仅传了二世就灭亡了。因此历史上的阿房宫并没有真正建成，原本只是前殿的暂用名，逐渐成为秦国整座朝宫的代名词，流传至今。

晚唐诗人杜牧在千古名作《阿房宫赋》中，说阿房宫最终被西楚霸王项羽付之一炬，消失在一片火海之中。诗人的浪漫想象，引发了后人无限的遐想，甚至附会出许多传说故事。对于传奇的人或事，人们总是怀着深深的向往，并津津乐道，对秦始皇如此，对阿房宫如此，对这件云纹高足玉杯亦是如此。人们更愿意相信，这件玉杯有着扑朔迷离的身世和惊心动魄的故事。

它究竟出自哪里？属于什么年代？它真的是秦始皇曾用过的酒杯吗？这一系列问题犹如一团团谜云，令这件玉杯充满了神秘感。

为了探寻历史的真相，许多专家学者对这件玉杯做了更加细致的研究。著名玉器专家刘云辉先生认为，从玉杯的纹饰上看，它们更加偏向于战国时期楚国的纹饰风格，因此推测它很可能是一件楚国的器物。它的出土地并非在车张村和车刘村，甚至和阿房宫遗址也没有必然的联系，它的出土地是在原西安市下辖三桥镇以西的三桥遗址。

从文献记载和考古发掘的情况来看，即便是在阿房宫前殿遗址，也并未发现有大火焚烧的痕迹——项羽当年放火焚烧的其实是咸阳渭北的宫殿。公元前 225 年，秦王嬴政发动了攻灭楚国的战争。这件云纹玉高足杯，很有可能是秦军在攻灭楚国后，从楚国掠夺过来的战利品。这件玉杯也并非是用于饮酒的酒杯，而是用来盛放甘露的盛露杯。古人认为，露水聚合天地之气，是天降的“圣药”，用它来服用丹药，有长生的功效。虽然它也许并非秦始皇的御用酒杯，但并不影响其所蕴含的重要的文物价值，被评为国家一级文物，仍然属于实至名归。

历史给我们遗留下太多的谜题，而揭开历史的真相还需要更深入的研究和更多的佐证。也许不是每一个故事都有着那般瑰丽的浪漫，或者引人入胜的神秘，但正是那些朴实无华的史实与遗物，才共同交织成了这部鲜活的、真实的历史。

小贴士

西安博物院珍藏的这件云纹玉高足杯，保存完好，造型端庄，纹饰繁缛而华美，雕工精湛，是一件难得的古玉珍品，同时也是迄今出土的战国至秦汉时期体量最大的玉杯，被评为国家一级文物。玉杯反映了当时的玉雕工艺的发展水平，积淀了丰富的历史信息，具有重要的历史价值。

参考文献：

① 王锋钧. 西安地区出土玉器述要 [J]. 中原文物，2011(3).
② 刘云辉. 陕西出土的古代玉器：春秋战国篇 [J]. 四川文物，2010(5).
③ 周南泉. 古代玉器系列讲座：秦代玉器初探（一）[J]. 收藏家，2000(12).

34 武王挥师兴大业，成王迁都驻中国——何尊

在陕西省宝鸡市北部的渭北台塬上，有一个名为贾村（今宝鸡市陈仓区贾村镇）的地方。贾村地势平坦，土地肥沃，还有着悠久的历史，早在商周时期，这里就有了城垣村落。几千年来，人们世代在这里过着宁静而祥和的生活。直到 1963 年，贾村出土了一件十分重要的国宝青铜器，打破了这里的宁静，让这个平凡的村庄蜚声海内外。

贾村西街住着一户姓陈的人家，户主名叫陈堆。他租住的房子在一处土崖的下面。一场暴雨过后，土崖有些坍塌。陈堆偶然发现土崖上有东西闪着绿光，就带着小镢头去一探究竟。

他用小镢头刨了没几下，一团土块滚落地上，里面竟然滚出了一个黑乎乎的东西。原来，这土块里面竟然包着一件铜器。陈家人不知这是一件文物，就将它清洗干净摆在家里用来盛放粮食了。1965 年 8 月，陈家因生活拮据，将这件铜器连同家里的一些废铜烂铁一起卖给了当地的一家废品站。

倘若不是后面发生的故事，这件青铜器很可能就被送往冶炼厂的熔炉中了。一个月后，宝鸡市博物馆（今宝鸡青铜器博物院）的干部佟太放来到这家废品收购站。这里的一位老职工告诉他，自己最近收了一件铜器，问他要不要，说着从废铜堆

中把这件铜器拿了出来。佟太放看了一眼，当时就感觉这应该是一件比较珍贵的文物。这件铜器大约高 40 厘米，造型端庄凝重，纹饰华丽繁缛，极有可能是一件先秦时期的青铜器。佟太放忙将这一情况向馆长吴增昆做了汇报。吴馆长随后委派保管部主任王永光前来查看。经过仔细查看，王永光也断定这的确是一件珍贵的历史文物。于是，他们花 30 元钱买下了这件青铜器，带回了博物馆。

这件铜器就这样在被化为铜水之前，被慧眼识宝的文物工作者抢救了下来，也因此成为该馆自 1958 年建成后收藏的第一件青铜器。后来经专家确认，它是一件西周早期的青铜尊。

这件青铜尊高 38.5 厘米，口径 29 厘米，重 14.6 千克。器型口圆体方，似乎隐喻着西周先民“天圆地方”的朴素宇宙观。整件器物呈椭方形，圆形大敞口，口沿外卷，束颈。纹饰自上而下分为三段，有蕉叶纹、蛇纹、兽面纹等，三段纹饰均以云雷纹填底，给人以威武雄奇之美。通体有四道镂空的大扉棱做装饰，增加了器物的庄严厚重之感。

因为在器身上没有发现铭文，人们对它的认知也就难以更深一步。这样一件造型精美的西周青铜尊，是谁铸造了它？为什么要铸造它？其身世似乎成了一团扑朔迷离的疑云。这团疑云在它身上笼罩了 10 年之后，因为一次出国文物展，才最终散去。

1975 年，中国古代青铜器出国展出的工作正在紧张地筹备着，这件铜尊因造型奇美被征调到了北京。当时参与备展工作的文物专家马承源先生凭经验猜测，一般西周的青铜器或多或少都会铸有铭文，这件铜尊上是否也有珍贵的铭文呢？他仔细地观察了这件铜尊的每一个角落，却没有什么发现。就在他准备结束寻找的时候，他发现铜尊内底隐约有类似笔画的痕迹。这个发现让他激动不已，原来因为年代久远，器表的铜锈使铭文的字迹变得模糊了。于是他连忙安排人员对这件铜尊进行除锈。随着锈迹被清除，铜尊内底的铭文也逐渐清晰地显现了出来。

经过统计和辨认，文物专家在这件铜尊的内底发现了 12 行铭文，共计 122 个字。通过对这篇铭文的解读，专家们发现它记述了一个重大的史实，与古文献记载相合，可互为印证，具有十分重要的历史研究价值。

约 3000 年前，周武王率领军队发动了牧野之战，这是一场西周与殷商之间的大决战。武王率领的军队犹如汹涌的洪水一般，一举冲毁了殷商王朝的大厦。周武王克商后，为营建新都一事而忧虑万分，以致夜不能寐。武王将自己的心事告诉了周公旦，他认为只有承顺天命，国运才能兴旺而绵长，且一定要把殷人曾经聚居之地的殷商顽固势力清除，因此一国之都的位置至关重要。思考了许久，武王认为洛邑是建都的好地方，最终决定将新都城址选在那里。

成周洛邑都城规划完成不到两年，武王病逝，姬诵继承了王位，是为周成王。成王即位 5 年后，新的都城成周终于营建完成。周成王在成周为武王举行了隆重而盛大的祭礼。在祭礼上，他向上天宣告将迁都于此。接着，他对贵族子弟进行了训诫。聆听训诰的人中，有一个名为“何”的贵族子弟。成王讲到何的父亲曾追随文王，文王从上天得到了治理天下的使命，后来武王完成了这一使命，并以此地作为天下的中心，统治万民。成王希望这些贵族子弟能效法何的父辈，继续效忠于王室。

随后，周成王赏赐了何 30 朋（古货币单位，5 贝为 1 系，

2系为1朋）贝币。何深感荣耀，为了使子孙后代铭记住这份荣耀，特命人精心铸造了这件铜尊，并将这一事件铸刻其上，以供万世流传。因此，这件铜尊被文物学家正式命名为“何尊”。

需要特别一提的是，在何尊铭文中出现了“宅兹中国”的字样，是迄今“中国”一词最早的文字记载，值得每一个中国人铭记。

小贴士

宝鸡青铜器博物院珍藏的何尊，造型浑厚雄奇，纹饰华丽精美，是我国西周时期的一件青铜艺术瑰宝。122字的长篇铭文，记述了周成王迁都成周的重大史实，为研究西周初年的历史提供了不可多得的珍贵资料。

参考文献：

① 段德新. 国宝何尊与“中国”[J]. 文博，2005(6).
② 何振鹏. 何尊铭文中的“中国”[J]. 文博，2011(6).
③ 赵培. 最早的中国（一）：何尊至尊，尊于中国[J]：农村青少年科学探究，2021(3).

35
3000年前神秘古国的遗物
——井姬盂鑵

1974年12月14日，在陕西省宝鸡市茹家庄的黄土台塬上，村民在平整土地、修筑梯田时无意中挖到了一个土坑，里面是一些散乱的马骨。随后，村民们又在这里挖出了一些带有精美花纹的铜器。

很快，市文管所派刚毕业不久的考古专业大学生卢连成来茹家庄调查。他通过实地考察和对出土物的辨识，初步判断这里的地下可能有西周时期的文化遗存，村民们挖出来的应该就是陪葬的车马坑，这说明附近必定有主墓葬。但是主墓在哪里呢？卢连成在车马坑的周围寻找了许久仍一无所获。

就在他有些灰心的时候，当地的村民说，这里有一块不适合种庄稼的梯田，土质很硬，颜色也与别的地方不太一样。村民的话无疑给卢连成提供了一条极为重要的线索，他猜想村民所说的这块梯田，土质之所以坚硬，很有可能是主墓的夯土层，于是连忙向村民询问了这块奇怪梯田的位置。

卢连成将这里的情况向上级部门做了汇报，获得了钻探批准后，考古工作很快就有了突破性的进展——主墓找到了。这座墓被命名为“茹家庄1号墓”，考古发掘工作在1975年元旦正式启动。

经过数月的辛苦发掘，考古工作者对这座墓的情况终于有了较为全面的了解。这是一座尚未经过盗扰的西周古墓，墓中埋葬着一男一女两位逝者，因年代久远，尸身早已腐朽殆尽。从现场的痕迹判断，女性在约3000年前下葬时，衣着华丽，想必墓主人的身份也非比寻常。

墓中出土的青铜器上的铭文，证实了考古队员的猜测。这些青铜器上多铸有“强（yú）伯自乍用器”字样（强，同“鱼”），由此可以判断男性墓主人是鱼伯——西周京畿之地的一个小诸侯国的国君，而女性墓主人姓“儿”，推测是鱼伯的妻子，这是一座夫妻合葬墓。

然而，随着考古发掘工作的推进，考古队员意识到关于儿氏女性的身份推测出现了偏差。因为他们在清理1号墓的过程中，无意中又发现了一个邻近的墓室，也就是被编号为“茹家庄2号墓”的墓葬。在这里，考古队员又发掘出土了一批带有铭文的青铜器，这些青铜器中除了一件的铭文为“强伯自乍用器”，其余皆为“强伯为井姬作器”。通过对铭文的释读，考古队员发现，2号墓的墓主人是井姬，她出身于周王室的一个重要贵族，她才是鱼伯的正室，而1号墓中的儿氏，推测应为鱼伯之妾。

在井姬墓出土的文物中，有一件造型奇特的青铜器十分引人注目，它通高18.6厘米，长30.8厘米，口径8.8厘米，宽5.4厘米，腹深9.7厘米，重3.25千克，整体形如一种不常见的动物。据专家介绍，这种动物称为“貘”（mò），是一种食草动物，体形像猪，但比猪要大，生活于温暖潮湿的环境，擅长游泳和潜水，在中国主要分布于华南地区，现在已成为一种濒危动物。

这件青铜器以貘为原型，是一件盛酒器。它头部微微昂起，吻部前伸，顶端有方形流口。双目圆睁，两耳倒竖，体态肥硕，腹身微垂，蹄足较短，臀部有半环形卷尾，肩胛及臀部两侧各饰一组卷体夔凤纹。

貘的背上有一个方形的开口，上面有与之匹配的圆角器盖，与后方的铜环相连。器盖上立有一只老虎，虎头伸向前方，双目直视，虎背微曲，长尾托地，呈缓步行走的姿态。器盖内面有铭文二行八字“強伯匃（gài）井姬用盂鑵（cuī）”。于是文物专家为这件貘形盛酒器命名为“井姬盂鑵”，现藏于宝鸡青铜器博物院。在现已出土的文物中，也有与其形制相似的器物，被称为“貘尊”。

就是这样一个巧合，让深埋在陕西黄土地下的一段历史穿越 3000 年的漫长岁月，再次浮现在世人眼前，一个神秘的古国也随之浮出水面。

早在商代时，巴蜀地区存在着一个古鱼国。在商代晚期，古鱼国可能遭受了一场巨大的灾难而分崩离析。其中的一支翻过秦岭山脉，迁徙到秦岭北麓，来到了今天的陕西宝鸡一带，并在这里建立了鱼国。而此时，正是商周交替之际，武王克商建立了西周。鱼国人作为一个异姓族群，要在新兴的西周京畿之地立足并延续国祚，就需要先得到周天子的正式册封，成为被周王室认可的一个诸侯国。

鱼国成为周王室诸侯国成员后，身为首领的鱼伯深知寄人篱下的艰辛，一方面重视与周边的诸侯国保持友好的关系，另一方面还试图通过政治联姻来巩固和提升鱼国的地位。经过各方综合比较，鱼伯将目标锁定在了井国公主井姬的身上。

就这样，鱼伯攀附上周王室周公旦的嫡系后裔井侯，迎娶了他的女儿井姬为正室，在诸侯国中的地位也得到了很大程度的提升。

然而鱼伯通过井姬得到了他想要的政治地位，却给不了井姬所期待的婚姻与爱情。鱼伯宠爱的是另一个小国的诸侯之女，也就是葬在茹家庄 1 号墓中的那个儿姓女子。虽然儿氏名分为妾，却深受鱼伯的宠爱，也因此变得恃宠而骄，与井姬的相处并不和睦。

下嫁鱼伯的井姬，空有一个正室的名分，却始终得不到鱼伯的倾心，只有在日复一日的嫉妒中流逝着韶华，在年复一年的哀伤中苍老着红颜，直到鱼伯去世，也没能得到她渴望的爱情。

鱼伯死后，井姬作为正妻，为他举行了隆重的安葬仪式，按照当时森严而残酷的礼法制度，鱼伯生前宠溺的儿妾也被封入了墓中。

3000 年的风吹过广袤的黄土高原，漫天飞舞的黄沙似乎仍在轻唱着那曲哀伤的古调。当年在墓门关闭的那一刻，井姬的眼角一定流下了两行晶莹的泪，也许为她与所爱的人从此阴阳永隔，也许为她一生经受的彻骨的冷落。

若干年后，井姬也走到了生命的最后一程。她选择在这里沉睡，给世界留下了最后的孤独的身影，陪在她身边的没有爱和阳光，有的只是那些冰冷铜器上的隐隐微芒。

3000 年后，风沙掩埋了那个几乎被后世遗忘的小国，也掩埋了井姬曾经有过的炽烈的渴望和幽怨的哀伤。

小贴士

宝鸡青铜器博物院珍藏的这件井姬盂鍑，以貘为原型，设计巧妙，造型逼真，是西周时期的一件青铜艺术珍品。它出自井姬之墓，揭示了西周时期鱼国的一段历史，对于研究西周初期诸侯国的历史有着重要的意义。

参考文献：

① 宝鸡茹家庄西周墓发掘队．陕西省宝鸡市茹家庄西周墓发掘简报 [J]．文物，1976(4).

② 张长寿．论宝鸡茹家庄发现的西周铜器 [J]．考古，1980(6).

③ 李鹏飞．宝鸡強国墓地出土商周青铜容器研究 [D]．西安：陕西师范大学，2018.

④ 余太山．鱼国渊源臆说 [J]．史林，2002(3).

宝鸡青铜器博物院

36 祓邪纳吉的祥瑞神兽
——汉代玉辟邪

辟邪，是中国古代神话传说中的一种神兽，拥有避除邪祟、破除不祥的能力。西汉文献《海内十洲记》中就曾记载，位于西海的聚窟洲有一种名为“辟邪”的神兽。西汉史游所撰字书《急就篇》中也有相关描述。

然而古代文献中关于辟邪形象和称谓的记载可谓五花八门，有的说它长得像鹿，有的说像麒麟，也有的说像狮子。关于它头上是否长角，长有几只也是众说纷纭。辟邪形象描述的混乱可能是因为古人对天禄、麒麟、辟邪等名称的混淆，从而导致了这种不固定性。毕竟这种神兽在现实中并不存在，人们凭主观的想象来描述它，难免会出现偏差。目前，相对主流的观点认为，辟邪的原型是狮子。狮子并非中国本土物种，据文献记载，第一只狮子是在公元 87 年进入中原的。而从出土实物看，早在汉元帝时期，就已经出现了狮子的艺术品。

狮子在佛教文化中占有十分重要的地位，并被加以神化。佛教传入中国后的兴盛发展，也让狮子这一形象被广泛接受，并深入人心，获得了十分尊崇的地位。中国古人并未直接照搬它原有的形象，而是对它的形象和名称进行了本土化的改造，正如古代先民创造龙、麒麟等形象一样，给它加上了角和双翼，同时为它取了更具中国意味的新名字，如“桃祓（fú）”“符祓”等，使它更符合中国民俗文化中瑞兽的特质，从佛教文化中的护法王转变成中国的具有辟邪、纳吉能力的神兽。

在后来的发展中，人们为了能更为直观地表达这种神兽所具备的神力，便将它直接称为“辟邪”了。辟邪作为可以消灾祈福的祥瑞象征，古人不断对它的形象进行艺术加工，同时广泛地将它应用于各个场景中，于是出现了石辟邪、玉辟邪、画像辟邪等多种形式，且形象也不再完全拘泥于狮子这一原型。

1978 年 12 月的一天，宝鸡市北郊的金河砖瓦厂意外发现了一座汉代墓葬，便立即报告给了当地的文物主管部门。考古人员很快赶到现场，对这座古墓进行了发掘清理。在这座墓中，出土了一件虽有残失但雕刻十分精美的汉代玉辟邪。这件辟邪与狮子的造型就有了一定的区别。如今，这件玉辟邪已经被评定为国家一级文物，珍藏在陕西省的宝鸡青铜器博物院。

这件玉辟邪通高 18.5 厘米，长 18 厘米，宽 6.7 厘米，重 2 千克，用一块较大的玉料精雕而成，玉料上有比较明显的黑色纹带，专家分析这种玉料很有可能是蓝田玉。蓝田玉因产于陕西西安的蓝田山而得名，是中国开发利用最早的玉种之一，早在石器时代，就已被史前先民开采利用。秦汉时期，蓝田玉雕开始在贵族阶层流行起来。

这件玉辟邪的玉色青中微微泛黄，通体已被精细地打磨抛光。辟邪的身形强壮雄健，气势威武，呈昂首挺胸的怒吼状。它怒目圆睁，张嘴吐舌，獠牙森然。下颌生出一缕长髯，垂至前胸。双耳竖立，鬃毛后扬，后背向上拱起，两肩上长有长长的双翼，向后延展至腰腹部，羽毛层层叠压，贴附在身体两侧。后腿上也雕刻有羽毛。尾部上端平齐，上面琢有一个方形的插榫孔，应该是插接长尾用的接口。

辟邪头顶上有一个长方形的榫座，背上有一个圆筒状物，专家们推测这两个插筒很可能是这件玉辟邪实现某种功能的必要部件，但具体有什么作用，尚不可知，但可以说明的是，这件玉辟邪并非作镇墓之用。

辟邪的三肢有残失，但从它的动势上仍可以看出它的四肢矫健有力。辟邪的全身还用阴线精细地刻出大量的小圆圈纹、细密的短线纹和毛发纹作为装饰，这些纹饰线条婉转流畅，排布有序，运用了“游丝毛雕”和“汉八刀”工艺，起刀果断，运刀流畅，收刀洒脱，将整件器物的神韵展现得淋漓尽致。

这件玉辟邪整件器物采用了圆雕技法，配合使用了高浮雕、透雕、钻孔、线雕等多种技法。如此繁复而精细的工艺雕出的作品，给人以凶猛狰狞、庄严肃穆之感，充分展示了辟邪的威武和霸气，突出了辟邪威慑邪祟的主题，反映了汉代玉雕工艺的高超水平。

辟邪在汉代的发展十分兴盛，这与当时人们的风俗习惯和思想意识有着密切的关系。受奇谲瑰丽的楚文化影响，汉代人的“鬼神”意识很重，因此神仙方术在当时十分盛行。人们信奉“鬼神”的一大心理动因，正是“祈福纳吉、禳凶避祸”，希望在神明的庇佑下祓除灾祸，永保平安。基于这一心理诉求，各种“避邪”的方式被人们广泛应用，辟邪兽就是其中之一。

此外，在汉代，无论是王公贵族，还是平民百姓，全国从上至下都崇尚厚葬之风。人们普遍认为对待逝去的人，要像对待生者一样，因此会将逝者生前使用过的或极为重视的物品作为随葬品，与逝者一起下葬。厚葬之风的盛行与汉代崇尚的孝义文化也密不可分，朝廷选定官员时，孝顺与否是评定和考核的一个重要标准。于是，有人不惜倾家荡产也要为去世的长辈准备丰厚的随葬品，在一定程度上助长了这种厚葬之风。以厚葬之风为背景，为了震慑盗墓者，同时使逝者在地下世界不被邪魅搅扰，大量石辟邪、玉辟邪、辟邪画像石被制造出来，成为汉代雕刻艺术的一道独特的风景。

汉代先民以一种朴素的观念，表达了对生命的敬畏。他们或许不能像现代人这样，对生死有更加科学的认识，但消灾避祸、向往美好的思想观念，已经成为一种精神特质，深深地根植在中国人的心里，成为中国传统民俗文化精神内涵的重要组成部分。

小贴士

宝鸡青铜器博物院珍藏的这件汉代玉辟邪属国家一级文物。它雕工精湛，造型古朴而优美，反映了汉代玉雕工艺的高超水平，虽有部分残失，但仍不失为一件艺术珍品，具有极高的艺术价值，对于研究汉代玉雕工艺和民俗文化也有着重要的意义。

参考文献：

① 杨岗. 论神兽辟邪与佛教中狮子的关系：从汉元帝渭陵出土的两件玉辟邪谈起 [M]// 咸阳师范学院，中国秦汉史研究会. 秦汉研究：第 6 辑. 西安：陕西人民出版社，2012.

② 王振. 浅析汉代辟邪的种类及其出现原因探讨 [J]. 大众文艺，2014(6).

③ 陈亮. 威武勇悍 以正压邪：宝鸡汉代玉辟邪赏析 [J]. 典藏 · 古美术，2005(2).

④ 刘云辉. 气韵豪放 巧夺天工：陕西出土汉代玉器精品 [J]. 收藏，2010(6).

⑤ 刘宗. 中国古代辟邪造像特征与辟邪文化研究 [D]. 北京：北京工业大学，2019.

法门寺博物馆

37 千年古刹出珍宝，宝塔地宫绽奇莲

——盘丝座银芙蕖

1981 年 8 月的一天，陕西扶风县的上空阴沉沉的，浓黑的乌云压得很低，这是暴风雨的前兆。夜里，一场特大暴雨果然如约而至。伴随着密集的电闪雷鸣，瓢泼大雨从云端泻下，无情地侵袭着世间万物。

扶风县城城北的法门寺里，一座明代万历年间修建的砖塔——释迦牟尼真身宝塔正暴露在暴风雨中，岌岌可危。这座砖塔本就年久失修，中部出现了裂缝，此时更如雪上加霜。最后宝塔终于不堪雨水的侵蚀，发生了坍塌。

一声巨响，跌落了佛像，飘散了经卷，也惊醒了这座古刹的千年旧梦。

法门寺始建于东汉末年，曾因一木塔藏有佛骨舍利而建，原名阿育王寺，是一座名扬四海的古刹。相传古天竺国阿育王笃信佛法，在释迦牟尼灭度后，为了弘扬佛法，决定修建八万四千座佛塔，来供奉佛祖的真身舍利。在中国境内也有供奉着佛祖舍利的佛塔，法门寺塔是其中之一。

在此后的朝代中，法门寺历经反复的毁坏和修葺，唐代时成为皇家寺院和举世闻名的佛教圣地。明隆庆三年（1569 年）木塔倒塌，万历三十七年（1609 年）建成八棱八角十三级砖

塔。这座明代砖塔因暴雨垮塌后，当地的文物部门经上级批准，迅速组织工作人员对坍塌废墟进行了清理，清理出铜佛像、石佛像和各类珍贵经卷。

1985 年 7 月，陕西省人民政府决定对残留的砖塔不甚稳定的部分进行拆除，同时让扶风县博物馆对宝塔废墟内的历史遗物进行彻底的清理。1986 年 12 月，经过认真研究，陕西省人民政府决定重新修建砖塔，重建前需要考古人员对地基进行发掘清理。

1987 年 2 月 28 日，法门寺真身宝塔地基的清理工作正式启动。4 月 2 日清晨，考古人员在坑底发现了汉白玉质地的藻井盖，当掀起井盖一角仅几秒钟，就被其中贮藏数量众多的瑰宝所震撼。考古人员凭经验推测，这可能是宝塔的地宫，这里将有十分重大的发现。鉴于此，考古人员决定先安排安保力量，然后等省里派下来的专家来确定下一步的发掘方案。

接下来的工作就是要找到地宫的大门。考古人员在罗汉殿和原真身宝塔之间的区域进行勘探，经过仔细的搜寻，终于在罗汉殿北发现了一条砖砌的漫道，推测从这里就可以进入地宫。

考古队员清理完漫道上的填土后，终于于 4 月 9 日来到了地宫的第一道石门。他们抑制着内心的激动打开了这道石门，只闻到一股霉气扑面而来，展现在眼前的是一条幽暗的甬道，四周的石壁断裂严重，地面散铺着铜钱及崩裂的碎石渣。

考古队员小心翼翼地向甬道深处走去，走到第二道石门前时，甬道顶上突然有碎石掉落。考古队员担心甬道塌方，不得不紧急从地宫撤出，待探明险情后再进行下一步的发掘清理工作。

当天下午，考古人员在评估了险情后，再次进入甬道，打开了第二道石门，终于直面地宫，开始对地宫文物进行拍照记录和发掘清理。

一座掩埋千年的地宫，展现了大唐盛世的绝代风貌。

经过为期一年多的考古发掘，法门寺地宫出土了大量极其精美的唐代珍贵文物，包括佛骨舍利、舍利宝函、秘色青瓷、金银器、琉璃器、丝织品、佛像、佛经等文化瑰宝。在出土的120多件金银器中，有迎真身银金花十二环纯金锡杖、鎏金卧龟莲花纹五足朵带银熏炉、鎏金银熏球等举世闻名的金银宝器，蔚为大观。

法门寺地宫出土的金银器数量多，保存完好，且在我国迄今发掘出土的金银器中，无论是等级还是规格，都堪称之最。在这批来自唐代的精美艺术品中，有两件造型奇特的银器，尤其引人注目，它们犹如两朵绽放的荷花，身姿婀娜，文物专家将它们命名为“盘丝座银芙蕖”。

芙蕖，即已经开放的莲花，是古人对它的一种雅称。这两件银芙蕖的造型相同，通高37厘米，重535克。这两件芙蕖的制作工艺非常讲究，唐代的工匠用银丝在下面盘成了一个直径为20.5厘米的圆环形的底座，并将银丝向上延伸，形成芙蕖的主茎，再从主茎中间的位置分出三条支茎，一条支茎的末端焊接着含苞待放的花蕾，其余两条支茎的末端则为翻卷的莲叶，叶脉自然流畅，十分逼真。盛开的莲花位于中央主茎的顶端，花瓣内外三层，共16瓣。花间莲蓬、莲子清晰可见。莲瓣是用唐代流行的金银细作锤揲工艺，将银片锤打到极薄做成，并做出中间鼓起的造型，从而使莲花显得圆润而饱满。莲花、花蕾、莲叶错落有致，主次有序，由圆润的银丝曲线相连，使整件器物造型婀娜多姿，宛如凌波仙子，充满灵动之美。

古代的文人墨客从来不吝惜对莲花的赞美。无论是李白的“清水出芙蓉，天然去雕饰”，还是周敦颐的“出淤泥而不染，濯清涟而不妖”，将君子向往的美好品格赋予了莲花，使它成为美好与圣洁的化身，升华为一种高洁、朴素的精神象征。

在佛教文化中，莲花象征着神圣与不灭。相传佛祖释迦牟尼在菩提树下大彻大悟，起身后绕树而行，且每走一步，他走过的地方都会绽开一朵莲花。除此之外，他传教说法时，也是坐在“莲花座”之上。后来，莲花逐渐就成了佛教的象征。这两件银芙蕖在供奉佛骨舍利的庄严圣坛上出现，正是盛唐时的供养人信奉佛教、供奉佛祖的真实写照。

小贴士

法门寺唐代地宫是中国考古史上的一次重大发现。法门寺博物馆收藏的这件唐代盘丝座银芙蕖，造型优雅而婀娜，构思巧妙，是唐代金银器中的一件艺术精品，反映了唐代金银细作工艺的发展水平，对研究唐代佛教文化历史有着重要的意义。

参考文献：

① 王兆麟，王煌彦．法门寺国宝出土记［J］．瞭望周刊，1987(25).
② 陕西省法门寺考古队．扶风法门寺塔唐代地宫发掘简报［J］．文物，1988(10).
③ 韩伟．陕西扶风法门寺唐代地宫考古大事记［J］．文博，1993(4).
④ 王仓西．浅谈法门寺地宫出土部分金银器的定名及用途［J］．文博，1993(4).
⑤ 卢兆荫．关于法门寺出土金银器的几点看法［J］．文物，1988(10).

汉景帝阳陵博物院

38 端庄娴静：千年帝陵里的绝美丽人
——塑衣式跽坐拱手俑

在陕西咸阳东30千米外，一座荒草萧瑟的封土岗丘，在夕阳的残照下，静静地矗立在渭河之畔，与古都西安遥遥相望。在这座封土堆下，汉朝的杰出帝王景帝刘启已沉睡了2000多年。

这里，正是他和王皇后的合葬墓地——阳陵。

20世纪80年代，中国社会科学院考古研究所的专家对阳陵进行了详细而全面的调查，取得了丰硕的成果。

90年代初，为了配合国际机场专用公路的施工建设，陕西省考古研究所组建了阳陵考古队，开始对阳陵进行大规模的发掘和研究。一场重大的考古发掘轰动了考古界，也打破了这座帝陵2000年的沉寂。

1990年5月22日，考古队正式进驻阳陵。发掘工作开展了几天后，考古人员在两个坑中发现了一些陶俑的残块，上面还带有红彩。“快来看！这里挖出了泥娃娃。”围观的一名群众惊喜地喊了一声，把众人的目光吸引到一位考古队员手上的毛刷下。这是一件相对完整的陶俑，它正以微笑的表情迎接着众人的目光。随后坑中又陆陆续续地出土了各类陶俑、铜车马器、弩机、铁质兵器、工具以及带钩、铜钱等汉代遗物。各类出土文物中，以陶俑数量最多，有武士俑、文官俑、骑兵俑、侍女俑、舞姬俑……它们共同为汉景帝黑暗的地下王宫平添了祥和的气息。

这座2000多年前的帝陵，堪称汉代古城文化风貌和宫廷生活的缩影，彰显了汉王朝的巍巍雄风，也揭示了汉景帝刘启光辉而短暂的一生。

公元前188年，刘启在他父亲刘恒的封地代国出生。后来，刘恒在太尉周勃和丞相陈平等人的拥立下，从代国回到长安继承了皇位，即汉文帝，他8岁的儿子刘启也因此成为太子，正是这父子二人，开创了汉代乃至整部中国历史上的著名治世——文景之治。

汉文帝刘恒即位后，励精图治，兴修水利，鼓励生产。同时，为了培养出一位出色的接班人，他还听从大臣的建议，极为重视对刘启的教育，精心选拔了一些博学多才的人来当刘启的老师。刘启因此得以学习儒家、道家、法家等各家学说，为他日后继承皇位、治国安民打下了良好的基础。在诸位老师中，有一个名叫晁错的人对刘启的影响极大，成为他的智囊，对他的帝王生涯起到了重要的作用。

公元前157年，汉文帝刘恒去世，同年农历六月刘启继承帝位，是为汉景帝。登基不久，刘启就遇上了他帝王生涯的第一个重大挑战——“七国之乱”。

刚刚即位的刘启，在晁错的建议下，实行削弱诸侯国势力的政策，即“削藩”，这引起吴王刘濞（bì）的强烈不满。刘濞原本就因刘启年少时失手杀死了他的儿子而怀恨在心，早已暗暗筹划了多年准备发动叛乱。“削藩”政策的实施恰如一根导火索，将刘濞的愤怒与仇恨彻底点燃。

公元前154年，刘濞在江苏扬州起兵，联合楚王刘戊、赵王刘遂、济南王刘辟光、淄川王刘贤、胶西王刘卬（áng）、胶东王刘雄渠等刘姓宗室诸侯王，发动了“七国之乱”。

刘启派大将周亚夫率大军出击，很快将这场叛乱平定，扫除了威胁中央王权的诸侯国势力，为日后强化中央对地方的管理奠定了基础。平定了七国之乱后，刘启开始在治国上施展抱负和才华。经济上，他延续文帝时期劝课农桑的政策，轻徭薄赋，休养生息，使得因战乱破坏的经济得到复苏。军事上，刘启对于匈奴人小规模的骚扰尽力保持了克制，以防御为主，不发动大规模的反击，以保证国内经济和社会的稳定。文化上，重视教育，对于百家学说不予禁止，各家学派得以自由的发展。

刘启延续了其父刘恒的执政理念，又根据实际情况加以变通。在他的治理下，汉朝迎来了一个安定祥和的治世局面，为刘彻的“汉武盛世”奠定了坚实的基础。

公元前141年，年仅47岁的刘启，在执政汉王朝仅十几年后，病逝于未央宫内，后来被安葬于长安北郊的渭河之畔。那座高大的封土堆，犹如一座丰碑，将汉景帝一生的功绩写在了辽阔旷远的黄土高原上，写在了渭河的粼粼波光里，写在了汉阳陵斑驳的神道石阶上。

2000多年后，人们唤醒了这座古老的帝陵。1999年，依托于阳陵遗址建成的汉景帝阳陵博物院正式面向公众开放，如今已被评为国家一级博物馆。

刘启一生节俭，陵墓中出土的随葬文物也不像后世帝王那般极尽奢华，金银珠玉，无所不有。在他的地下王宫里，出土最多的就是各式各样的陶俑，这些陶俑如今都珍藏在汉景帝阳陵博物院里。其中，有一件十分精美的彩绘女俑，清晰地为世人展示了汉代女子的古典之美，它就是“塑衣式跽（jì）坐拱手俑”，出土于阳陵130号墓。

这件彩绘女俑通高41厘米，呈跽坐的姿态。跽坐是古人的一种传统坐姿，也叫正坐，两膝着地，小腿贴地，臀部坐在小腿及脚跟上。这种坐姿体现了华夏先民端庄和谦恭的仪态。

女俑的头发乌黑，在前额中分，再后拢于项背，绾成垂髻，发髻下方又分出一缕青丝，呈下垂状，这是一种典型的汉代女子发式。她面容清秀，细眉朱唇，鼻梁小巧，嘴角轻轻上扬，露出一抹婉约的微笑，上身微倾，双手相握拱起藏于袖中，并以衣袖微微遮挡住俊美的脸庞，显得婀娜柔美，娇羞矜持，将中国古代女性的端庄娴静展露无遗。

女俑身上穿的是一件白色的右衽（rèn）交领的曲裾深衣。右衽是指衣服的前襟向右掩，这是古代中原一带人们服装的一种特点。与之相反的“左衽”则一般指中原地区以外某些少数民族的服装样式。

深衣是中国传统服饰的一种，它的特点是上衣和下裳分别裁剪后，再缝合在一起。深衣可以将身体完全包裹起来，深藏不露，使衣者看起来雍容华贵、端庄典雅。这件女俑所穿的白色深衣的衣领、袖口和衣襟等处，用红黄两色的织锦做衣缘，整体色彩在素净中透出明艳之感，对比强烈而又不失和谐，为女俑增色不少。

女俑的微笑向世人传递着一种沉静和安详，一种真实的安定和幸福。凝望着她，感受着她身上的汉代遗风，仿佛又听到了2000年前的长安城古老而悠远的晨钟暮鼓，看到了文景盛世下的富庶与祥和。

小贴士

汉景帝阳陵博物院珍藏的这件塑衣式跽坐拱手俑，容貌俊美，形态逼真，表情传神，是汉代彩绘陶俑艺术不可多得的一件精品，反映了汉代初期彩陶工艺的发展水平和汉宫文化生活风貌，对于研究汉代初期的历史文化有着重要的意义。

参考文献：

① 晏新志，刘宇生，闫华军. 汉景帝阳陵研究的回顾与展望 [J]. 文博，2009(1).
② 李库. 西汉景帝阳陵随葬陶俑研究 [J]. 荣宝斋，2016(3).
③ 马亮宽. 略论汉景帝 [J]. 泰安师专学报，1999(1).
④ 刘宇辰. 汉武盛世的奠基者：汉景帝历史地位的新认识 [M]// 梁安和，徐卫民. 秦汉研究：第十辑. 西安：陕西人民出版社，2016.

39 中国古代兵器中的黑科技——黑釉火蒺藜

相传在公元 1226 年，60 多岁的成吉思汗对西夏发动了大规模的攻伐之战，这是他在世时对西夏的最后一次战争。所向披靡的蒙古铁骑在这场战争中，遭到了西夏人发明的一种秘密武器的重创。战场上，无数从天而降的爆燃火球飞入蒙古军士的战阵之中，造成死伤无数。成吉思汗也被这种火球爆炸的威力掀下战马，患上重病，1227 年在六盘山病逝。这个传说的真实性尚待考证，但它为我们讲述了一个重要的史实——西夏人发明了一种威力很大的武器，在古今中外军事史上留下了浓墨重彩的一笔。

西夏人发明的这种武器名为“蒺藜火球”，也称为“火蒺藜”，是一种爆炸性火器。蒺藜是一种植物的果实，形如小球，上面布满尖刺。西夏人正是凭借蒺藜火球这样的高效杀伤性火器，使西夏王朝得以和宋辽鼎足而立。

这种火器在后世的战争中频繁登场，在以冷兵器为主的古代战争中，优势十分明显，甚至成为克敌制胜的法宝。在甘肃省博物馆，就珍藏着一件元代的黑釉火蒺藜。它出土于甘肃省陇南市西和县，高 10.7 厘米，形如蒺藜或海胆，整体为球形，遍布尖刺，内部中空，外壳为瓷胎，上面施黑釉。外壳中间留有一个小洞，使用时要在里面装满火药，并配以白色引线，点燃后抛向敌方阵营，会产生很强的杀伤力。爆炸后散落在路面上的乳凸状碎块，还可以阻挡敌军骑兵的通过，是一种应用十分广泛的火器。

这种火器属于抛射性火器，还有其他样式的，比如凸起的尖刺有的还带倒刺，有的内部装有砒霜等剧毒，称为“毒药烟球”等。

这些大规模杀伤性火器，其功能的发挥自然离不开火药。火药是我国古代四大发明之一，是中国对世界科技文化的巨大贡献。

火药的发明，其实源自1000多年前那一声对后世产生深远影响的原初爆炸。它的出现，与中国古人信奉的炼丹术有着密不可分的关系。

中国古代先民很早就通过探索自然之物来维持人的生存，不仅包括寻找食物，还包括医治疾病。神农尝百草就是这个实践过程的反映。随着对自然界的植物、动物等有机物的不断深入了解，人们对自然的探索又进一步拓展到了各类无机矿物质，并在先秦时期形成了“阴阳五行”这样的观念和理论。在这样的自然观的影响下，结合了神仙方术的“炼丹术”萌芽并发展。在鼓吹神仙学说的方士看来，住在海上仙山中的神仙有灵药，凡人吃了可以长生不老。传说秦始皇就曾命徐福造大船前往海上仙山，寻求“长生之药”。在现代人看来，这属于无稽之谈，但在蒙昧的古人眼中，“长生”“飞仙”都是毕生的精神信仰和追求。

炼丹家们在长期的试验中，发现硫黄、木炭和硝石这三种物质按一定的比例混合，引燃后会释放出大量气体，这些气体如果在一个密闭的容器内不能得到释放，就会发生爆炸。在《太平广记》中，就记载过这样一个小故事。

相传隋朝初年，有个名叫杜子春的年轻人，整日游手好闲，饮酒取乐，很快就败光了家产。亲朋好友见他这般不思进取，挥霍无度，都不愿再接济他。有一天，山穷水尽的他遇见了一位神秘的老者。这位老者慷慨地给了他许多钱，希望能帮助他渡过难关。可杜子春很快就将这些钱挥霍一空。于是老者又一次给了他钱，结果仍是一样。第三次，老者叮嘱他说，如若再把钱花完，就去华山云台峰找他。

果不其然，杜子春花光所有钱后，来到华山，按老者指示的地点找到了他。原来老者是一位神仙，这个地方正是他的炼丹房。神仙让杜子春用一杯酒服下三粒丹丸，并告诫他稍后无论看到什么可怕的景象都绝不要说话。杜子春领命，接下来他果真看到了十分可怕的景象，但无论是蛇蝎猛兽撕咬，还是刀山火海电闪雷鸣，他都紧咬牙关挺住不吭一声。可惜当看到自己转世成了一个女子，而自己的孩子受难而死时，他忍不住叫了一声，功亏一篑。这时，丹炉中突然爆出紫色的火焰，直冲屋顶，烧毁了房屋。神仙惋惜地叹道："我的仙丹差一点儿就炼成了，实在太可惜了！"杜子春也因自己的失误而感到十分懊悔。

这个故事虽然是古人杜撰出来的，但一直以来被作为火药史研究的一个重要依据。现如今，学界已经达成共识——火药起源于中国古代的炼丹术。由硫黄、硝石和木炭混合制成的黑火药，单从名字中的"药"字也可以看出它与炼丹术的某些渊源。

炼丹家们在炼丹的偶然失误中，发现了黑火药能燃可爆的特性，后来这一特性逐渐被用到了军事领域。唐朝末年，唐昭宗命杨行密率领军队攻打豫章（今江西南昌）。在这次战斗中，火器就已经被用来攻城，这是我国历史上最早的一次火药用于战争的记载。

到了宋金时期，火药兵器迅速发展起来。北宋年间编制的《武经总要》一书中，记录了 8 种火球，火蒺藜就属于火球的一种。火球类火器制成后便常在战争中使用。南宋时发明了世界上最早使用的管形射击火器——突火枪（竹制），堪称世界枪炮的始祖。

我国古代发明的火药制成火器后，在蒙古军（元王朝建立后为元军）对外作战中，东传到朝鲜和日本，西传到阿拉伯和欧洲。其中西传的影响尤为巨大。

这枚黑釉火蒺藜如今被收藏在甘肃省博物馆，那黝黑莹润的釉色，似乎仍在向世人昭示着元军的骁勇和帝国的强盛。中国的黑火药，也因着千年前的那声炸响横空出世，在人类兵器史上开启了新的篇章。

小贴士

甘肃省博物馆收藏的这枚黑釉铁蒺藜，是元代制造的一件爆炸性火器，造型规整，保存完好，反映了元代的火器风貌，展示了古人自发明黑火药后，对其开发利用的成就，是研究中国古代兵器史的重要实物依据。

参考文献：

① 蒲帅．黑火药：游走于文武两端的经验结晶 [J]．传记文学，2022(2).
② 王坚．火药是“药”不是“炮”：漫谈火药的起源 [J]．文史知识，2021(10).
③ 钟少异．中国早期火药火器史概观 [J]．文史知识，2021(10).
④ 佚名．火药：人类征服世界的创新发明 [J]．万象，2021(28).
⑤ 孟乃昌．火药发明探源 [J]．自然科学史研究，1989(2).

40
飞纵两千年，龙驹世无双
——铜奔马

在甘肃武威市城北 2 千米处，有一座南北长百余米，东西宽 60 米，高 8.5 米的台子，因台上供奉着道教神仙雷祖，当地人称之为“雷台”，具体建造年代不详。也有一种观点认为，它是前凉国王张茂修建，但终究未成定论，这也让这座神秘的高台的来历显得扑朔迷离。

1969 年 9 月，甘肃武威新鲜公社新鲜大队的社员在雷台下面开挖战备地道，在挖到 10 米多深的时候，无意间挖到了一堵青砖砌成的墙壁。社员们也没多想，对着砖墙抡了几镐头，将砖墙砸出了一个黑黢黢的大洞，一股寒气扑面而来。社员们连忙亮起手电筒，向洞内照去。黑洞里面是一个非常大的空间，整齐地排列着铜车铜马，还有铜人，一旁还停放着不知是什么年代的棺木。当时人们的文物保护意识还比较淡薄，面对着这个重大发现，并没有上报，而是悄悄地将这些铜车马等值钱物件一股脑儿装进了麻袋，拉回了生产队的库房里。就这样，一座年代尚未明确的古墓，被社员们无意间发现并破坏了。

消息很快就传到了县文化馆。文化馆的干部党寿山当即约上区政法干事张有，直奔雷台调查情况。在进入墓室对现场情况进行了一番观察后，党寿山凭经验和直觉推测，这座古墓规模比较大，墓主人生前应是个非富即贵之人。但现场所见陪葬品的数量和规格明显与这个墓主人的身份不相匹配，这说明墓中丰富的随葬品已经被人转移。如此一来，事情的严重性已不言而喻。

公社领导连忙带党寿山回到新鲜公社，对社员们进行了耐心的劝说和动员，强调了古墓中文物的重要价值，说服社员们将私藏起来的出土文物交了出来。党寿山见这些文物多是些铜制的车马，但因为保管不善，很多已经受到了比较严重的破坏，不禁心痛不已。为了抢救这些珍贵的文物，党寿山对它们做了详细的记录，并将它们移交到了文庙代为收藏保管。随后，当地考古工作者对这座古墓的调查、清理发掘工作也陆续展开，古墓共出土了 200 多件珍贵文物。

1969 年 12 月，甘肃省文物主管部门决定将古墓出土的全部文物调入甘肃省博物馆收藏。在这些文物中，有一件造型矫健、制作精美的铜马，呈昂首嘶鸣、奋蹄飞奔的姿态，十分引人注目。

这件铜马通高 34.5 厘米，长 45 厘米，宽 13.1 厘米，重 7.3 千克。铜马造型设计十分巧妙，三足腾空，只有一足着地，踏在一只飞鸟之上。飞鸟相应成了整件器物的底座，同时又精彩地展现了奔马疾驰而过，速度超过飞鸟的瞬间状态。飞鸟受惊回望，将奔马的动势衬托得更加生动而逼真。整件铜马沿用了商周时期传统的青铜陶范铸造法，分段铸造再铸接而成。工匠在铜马的右后腿内部夹铸了铁芯，这大大增加了这条腿的强度和支撑力，保证铜马凭靠一条腿支撑仍能平稳而牢固。

这一工艺说明当时的工匠在为这件铜马设计造型的时候，就已经决定以单腿支撑来展现奔马的驰骋之姿了。同时，这种极富创意的巧妙构思说明工匠非常准确地掌握了力学的平衡原理，反映了高超的工艺技术水平。

1971年，著名考古学家、历史学家郭沫若参观甘肃省博物馆时，在这件铜奔马的展柜前注视了许久。他被这件精美的铜奔马深深吸引，盛赞它是世界级的一流的艺术珍品。陪同参观的博物馆工作人员趁机向他请教，为这件铜奔马命名为“马踏飞燕”是否可行。郭老略加思索后，对这个名字给予了肯定。

没过多久，铜奔马就被借调到北京，参加当时在故宫举办的一场大型出土文物展。没想到在展览上一亮相，就震动了史学界和考古界，在国内外引起了强烈反响。各大媒体竞相报道，盛赞它是“无价之宝”，专家学者也纷纷发表文章，以极大的热忱投入到对它的研究中来。一时间，这件古老的铜奔马风光无限，成为公众的宠儿。

1973年，铜奔马赴英国展出。铜奔马的盛名折服了大英博物馆的观众，人们为了一睹它的风采，排起了长龙般的队伍等待进场。英国观众将它誉为“绝世珍宝”“天才的中国马”，参观者无不为之叹服。自1973年4月至1975年8月间，铜奔马先后在法国、英国、日本、罗马尼亚、荷兰等12个国家巡回展出，将中国古代精深的青铜艺术和辉煌历史展现在世界各国人民面前。铜奔马使各国艺术家感到震惊，从此，“马踏飞燕”名扬世界。后来，铜奔马还成为中国旅游业的标志，被评为国宝级文物。

随着铜奔马的知名度越来越高，专家学者对它的研究也越来越深入，对它的认识也就越来越清晰。据研究成果显示，这件铜奔马出土于东汉时期一位张姓将军的墓葬。汉代时，因反击匈奴的战争需要，朝廷对马的重视程度大为提高，驯养了大量马匹。汉武帝为了求得西域盛产的汗血宝马，不惜派大将李广率军远征大宛国。大宛国同意向汉朝提供良马。得到汗血宝马的汉武帝十分高兴，将“天马”的美名赐予汗血宝马。东汉明帝甚至将宗室女子下嫁到西域，或令大军征战，才求得汗血宝马。

这件铜奔马的原型便极有可能是“天马”，反映了当时的人们对于名马评定的标准和对名马的青睐。铜奔马出土时，它的头部和背部还残留有彩绘的痕迹，如今这些彩绘虽然因时光的流逝而脱落殆尽，但仍可以想见当年它无与伦比的华丽与精美。后来，也有专家提出，“马踏飞燕”这个定名并不贴切，原因在于铜奔马足下那只鸟的尾部，并没有燕子的剪刀形尾羽，也有人认为称它为“紫燕骝”或“飞燕骝”更为贴切。

2000 年前的这件铜奔马，穿越了漫长的时光，虽饱受沧桑，剥落了原本的华彩，却仍以其飒爽的英姿向世人传递着古老的灵动之美，成为中国古代青铜艺术的杰出代表。

小贴士

武威雷台汉墓的发现，是我国考古史上的一次重大收获，汉墓中出土的这件铜奔马更是引起中国乃至世界的瞩目。铜奔马是一件举世无双、技艺水平极高的艺术精品，被国家文物局专家组鉴定为国宝级文物，具有十分重要的艺术价值和文物价值，被列入首批禁止出国（境）展览文物名录。

参考文献：

① 杜静薇，王琦．武威铜奔马发现追记 [J]．档案，2009(3).
② 苗长兴．东汉的铜奔马 [J]．金属世界，1995(1).
③ 黎李．铜奔马及铜车马仪仗俑队 [J]．文物天地，2015(4).
④ 王文元．揭秘铜奔马 [J]．东方收藏，2013(5).
⑤ 张崇宁．铜奔马正名 [J]．文物季刊，1999(2).

41

暗夜幽莲：绽放元代名门的风采

——莲花形玻璃托盏

在甘肃漳县城南 2.5 千米处的徐家坪村，漳河南岸的一处簸箕形平缓坡地上，有一片规模庞大的古代墓葬群，这是元明两代的汪氏家族墓地。从 1972 年到 1990 年，省文物部门组织相关人员配合农田建设在这里进行了 4 次清理发掘工作，考古人员共清理发掘墓葬 29 座，出土了包括陶器、铜器、金银器、玉器、木器、钱币、丝织品、石刻等在内的大批精美文物，为世人展现了元明时期一个名门望族的风采。

其中在汪惟贤墓出土的一套莲花形玻璃托盏，造型优雅，色泽明丽，堪称我国古代玻璃制品的艺术瑰宝。这套托盏由盏和盏托两部分组成，是一种用来饮茶的茶具。盏高 4.9 厘米，口径 8.9 厘米，底径 3.4 厘米；盏托高 1.2 厘米，口径 15.2 厘米。玻璃托盏为普蓝色玻璃制成，半透明，胎内含气泡，以模铸法成型。盏为七瓣莲花形，饼形足。盏托口沿为平口，边沿外折，呈八瓣莲花形，莲花瓣的尖端十分尖锐，颜色比盏略浅。盏托平底，腹壁呈正八角形。托与盏相得益彰，宛如月夜下池塘中悄然绽放的一朵睡莲，其幽蓝的颜色更是增添了几分夜色中的宁静之感。这是迄今出土的最完整的一套元代玻璃托盏。

关于这套托盏的产地，学术界存在着不同的观点。一种观点认为这套托盏做工精湛，而我国的玻璃茶具起步较晚，工艺也并不成熟，因此推测这套托盏并非在国内生产，很有可能产自当时玻璃工艺更为发达的中亚地区。另一种观点则认为元初统治者出于巩固政权的需要，采取了一系列发展经济的举措，加上将此前战争中掳掠来的欧洲东部、阿拉伯地区、西夏、金、南宋的工匠组织起来，建成庞大的官办手工业作坊，手工业得以恢复和发展。因此元代时国内做出这套托盏是可能的。

无论它产于国内，还是产于中亚，都无疑是元代玻璃器皿中的稀世珍品。这样精美的玻璃艺术瑰宝出自汪氏家族墓葬，则从侧面反映了汪氏一族在元明时期煊赫的社会地位。

经专家考证，出土这套托盏的墓葬主人汪惟贤，正是金末元初的名将汪世显的孙子。汪世显本是蒙古族汪古部人，早年曾效力于金朝，凭借立下的军功被擢升为千夫长。公元 1225 年，巩州主帅田瑞造反，汪世显作为门将大开城门迎接陕西行省平乱军入城，一番激战后平定了田瑞叛乱，立功受奖，授领同知平凉府事、陇州防御使。1232 年，金哀宗完颜守绪被蒙古大军围困在汴京，汴京告急。完颜仲德奉旨率部驰援，汪世显被任命为总帅，临时代为镇守巩昌。大金国最终未能抵住蒙古铁骑的挞伐而灭亡。秦州元帅粘葛完展趁势自立行省，并意欲兼制巩昌。汪世显不甘做他的马前卒，率众奋起反抗，击败了粘葛完展，兼并了他的军队，成为当地最强大的势力。即便如此，汪世显并没有拥兵自重，仍尊金朝为正统。当时各郡县都已相继归降蒙古，唯独汪世显死守不降。

1235 年，蒙古皇子阔端率大军陈兵巩昌，派遣汪古人按竺迩进城招降汪世显。面对着兵临城下的困境，汪世显自知大势已去，巩昌难守，最终决定率领所辖军民归降。阔端见到汪世显时，问他道：“我征战四方，所到之处攻无不克，为什么你还要这般顽固地死守呢？”

汪世显不卑不亢地回答说：“臣不敢背弃主人，失了名节。”

阔端又问：“金已经灭亡很久了，何谈背主失节？你还不投降，是为了谁？”

汪世显回答说：“蒙古大军不断开赴这里，我担忧城内百姓的安危，才拿不定主意。素闻您仁慈爱民，从不滥杀无辜，我觉得向您投降才能保全城中军民的性命。”

阔端听后心中自是喜悦，便令他仍任旧职，统管巩昌。

汪世显归降阔瑞后，跟随蒙古大军征伐南宋。他协助蒙古国先后进攻川陕、川西地区。成功攻陷成都后的1243年春，阔端奖励战功卓著的将领，拜汪世显为便宜都总帅，领秦、巩等20余州事，赐予了他虎符和锦衣玉带。此时，汪世显已病重，没多久便医治无效去世，终年49岁。1262年，汪世显被追封为陇西公，后来又被加封为陇右王。

汪世显戎马一生，建功无数，使汪氏一族成为元代乃至明代的名门望族。这套莲花形玻璃托盏的墓主人汪惟贤是汪世显的孙子，是元代“荣禄大夫、大司徒”，后被追封为“南安国公”。也许正因为如此，这套绝美的莲花托盏才得以陪同汪惟贤下葬，在之后数百年的时光里，宛如一朵睡莲，静静地在黑暗中绽放。

小贴士

甘肃省博物馆收藏的这套莲花形玻璃托盏造型优美，色彩艳丽，工艺精湛，是迄今出土最完整的一套元代玻璃托盏，也是中国古代玻璃制品中的无价瑰宝，反映了元代玻璃工艺的高超水平和极富时代特色的审美趣味，有着十分重要的艺术价值和历史价值。

参考文献：

① 乔今同. 甘肃漳县元代汪世显家族墓葬简报之一 [J]. 文物，1982(2).
② 汪楷. 元朝巩昌汪氏的族属探秘 [J]. 内蒙古社会科学：汉文版，2000(5).
③ 刘瑶. 元代玻璃莲花托盏 [J]. 文物天地，2015(4).
④ 杜媛媛. 元代巩昌汪氏家族若干问题研究 [D]. 西北民族大学，2017.

42
飞驰在丝绸之路上的信使
——“驿使图”壁画砖

在高速发展的现代社会，人们足不出户即可通过电话、互联网等方式与外界取得联系，连购物、订餐等都可以在手机上轻松完成。科学技术让通信和物流变得更加快捷，也让现代人的生活更加便利。

那生活在古代的人们，是怎样传递信件和物品的呢？要回答这个问题，我们可以先从一块壁画砖说起。

那是在 20 世纪 70 年代，当时在甘肃嘉峪关市东北约 20 千米处的新城戈壁滩上，一个牧羊人在放牧的时候，无意间发现了一处古墓葬，及时上报给了当地的文化部门。得报后，考古专家迅速介入，从而拉开了新城古墓群考古发掘的大幕。

经调查和研究确认，这是一处有着 1400 多座墓葬规模的大型古砖墓群，年代多为魏晋时期。1972 年至 1979 年，甘肃省文物部门先后发掘了 18 座古墓葬，其中 9 座为画像砖墓，共出土壁画砖 700 多块，堪称古人兴建的“地下画廊”。

这些壁画砖所绘的内容十分丰富，大部分都是以砖为单位，每块砖上独立成幅，生动而全面地反映了魏晋时期河西走廊的政治、经济、文化、军事、民俗、科技等诸方面的状况，且绘画的表现形式以写实为主，为深入研究魏晋时期的文化艺术和当地的社会生活提供了极其丰富的图像资料，是中国古代绘画艺术的宝贵遗产。

在新城魏晋古墓群中，尤其以 5 号墓的保存状况最好，也最具代表性。为了最大限度地保护该墓葬的原有面貌，并将墓中精美的壁画砖完整地呈现在公众面前，考古专家经研究后决定将这座古墓原样拆迁复原。1973 年，这座墓的复原工作终于完成。如今在甘肃省博物馆大楼的西侧，即可看到这座古墓的风貌。新城 5 号魏晋墓的搬迁复原，让更多人了解了这座墓的真实情况，欣赏到墓中精美绝伦的砖画，充分发挥出了古代文化遗址的社会教育作用。

在 5 号墓出土的众多壁画砖中，有一块长 35 厘米，宽 17 厘米，上面画着一人骑马图像的壁画砖，正是颇负盛名的“驿使图”壁画砖。出土时，这块画像砖在 5 号墓前室北壁东侧被考古人员发现，现已被评为国家一级文物，并成为甘肃省博物馆的镇馆之宝之一。

“驿使图”壁画砖以米色为底，用黑色勾勒出一位信使和一匹疾驰骏马的轮廓。信使头戴黑帻（zé），身穿皂缘领袖中衣，左手拿着棨（qǐ）传文书。棨传是古时的一种通过关卡、驿站时的凭证或信物。信使胯下骑乘着一匹健硕的骏马，马身被涂上了黄色，并以红色的斑块作为装饰，四蹄腾空，马尾飘扬，正在奋力疾驰。

古代画师采用了写实与写意相结合的表现手法，寥寥几笔就将人和马的动态勾勒了出来，以形写神，刻画出的那种风驰电掣的速度感真实而传神，精准地捕捉到驿马奔驰的精彩瞬间。驿马在飞驰，而驿使仍能稳稳地坐在马背上，说明驿使的骑乘技术娴熟，也从侧面反映了画师对生活场景的观察十分细致。

再进一步深入观察，我们或许还能从这块“驿使图”壁画砖上解读出更多的故事。1600 多年前的一天，一位驿使接到了一项任务。这项任务可能十分重要，而且非常紧急，领了任务后，驿使立刻跨上了他熟悉的那匹黄毛红斑驿马，以最快的速度离开驿站。随着马蹄声的远去，他眨眼间就奔向了戈壁的深处。为了不贻误这件重要的任务，他必须争分夺秒，不敢耽搁片刻。

西北边疆的茫茫戈壁上，一个影子急速驰过，将漫天的风沙远远地甩在了身后，胯下的黄马似乎读懂了驿使此刻内心的焦急，撒开四蹄，一路绝尘而去。眼见就要抵达前方的关门哨卡，驿使为了不至于因关卡验符而降下速度，就提前将棨传擎在手中，高高扬起。守关的侍卫远远地看到，当即放行。马不停蹄，驿使通过关卡疾驰而去，很快就消失在大漠落日的余晖中。

比较有趣的是，画中的这位驿使生动传神，眉目清晰，却唯独没有嘴巴。是画师在作画时不小心遗漏了吗？当然不是。画师既然能凭借细致的观察，用寥寥数笔就表现出如此传神的场景，自然不会有这般失误。那另一个答案就是画师是故意没为这位驿使画上嘴巴。文物专家们研究后认为，这其实是一处精妙绝伦的留白，以自然而隐晦的方式表达出“保密”的意思，说明驿使这一职业具有严格的保密性，必须守口如瓶才能胜任。古代画师这种巧妙的构思不禁令人惊叹。

这件驿使图壁画砖的价值，不仅仅在于它的艺术美感，还在于它真实地反映了中国古代的邮驿制度。

邮驿是中国传统通信组织形式，也是现代邮政的前身之一。我国邮驿通信的历史十分悠久，是从早期的声光通信和专人送信演变而来的，后来发展成为给政府传递公文及给来往官吏提供食宿及车马运输工具的机构。我国远在西周时期就有了比较完善的邮驿，供官方传递文书之用。历朝历代因邮驿职能的调整而称谓不同，在魏晋时期，称“邮”或“驿”。

汉武帝曾在丝绸之路的沿线设立了许多邮驿，用来保证长安到西域信息的畅通。到了魏晋时期，中原地区虽然战乱频繁，但是河西走廊一带相对安定，邮驿传递仍非常畅通。这块驿使图壁画砖就生动地再现了当时西北边疆驿使驰送文书的情景，是我国已发现的最早的古代邮驿形象资料。

古时丝路上的驿使以接力传递的方式，坚持人马可停歇，公文不得停留片刻这样的宗旨，在紧急中冒着严寒酷暑，风雨兼程，用辛劳与时间赛跑，将生命驰骋为星流。

凝视着这块驿使图壁画砖，仿佛耳边又响起那急切的马蹄声，它由远及近，再由近及远，在我这位旁观的看客身边疾驰而过，带来一阵风，裹挟着戈壁上的沙砾和清冷的月光，又倏然消失在远处的胡杨林中，转瞬之间化为戈壁月夜下的一抹清辉。

小贴士

甘肃省博物馆珍藏的这块“驿使图”壁画砖，以写实与写意相结合的方式再现了魏晋时期驿使驿递过程的一个生动瞬间，笔法洒脱，线条简练，刻画的形象生动传神，具有极高的艺术价值，同时对于研究我国古代邮驿制度有着重要意义。

参考文献：

① 夏峰．历史之旅：《驿使图》随想 [J]．档案，2002(4).
② 马智勇．丝绸之路上的邮驿文化 [J]．中国邮政，2015(9).
③ 袁维和．邮驿：在历史中远去的一道背影 [N]．甘肃日报，2017-09-28(9).
④ 何端中．从悬泉置遗址和《驿使图》谈古代河西邮传 [J]．档案，2013(2).

43 丝路遗风：粟特人的信仰
——隋贴金彩绘屏风式石棺床

在天水市博物馆的展厅里，陈列着一张屏风式的石棺床，它以其独特的风姿吸引着人们在它面前驻足。这张石棺床名为“贴金彩绘屏风式石棺床”，是中西方文化交流的产物，也是一件非常罕见的国宝。

1982 年 6 月，天水市上水工程指挥部在市区石马坪建设上水工程时，意外地发现了一座古墓。天水市文化馆闻讯后，立即组织专业人员前往发掘清理，发现这是一座隋唐时期的墓藏。工作人员进入墓室后发现，墓室是一个近似正方形的地下空间。墓室的正中摆放着一张屏风式石棺床，棺床上还残存有木棺和人骨的痕迹。除了石棺床，工作人员还在该墓中发掘出土了伎乐俑、金钗、铜镜、鸡首壶、石枕、墓志等多件历史遗物。遗憾的是，因年代久远，墓志上的文字已模糊不清，无法辨认，墓主人的身份也就成了一个永远的谜。

这张屏风式石棺床出土时间比较早，在当时并未引起学术界过多的关注。但随着各地文化类型相似的墓葬的发掘，石棺床这类出土物也逐渐增多，专家学者们研究石棺床的热情也空前高涨起来。经综合考证，天水市博物馆收藏的这张石棺床可能是北周晚期至隋代早期，墓主人可能是当时的一位身份地位较高的粟特人。

石棺床的材质是砂页岩，长 218 厘米，宽 115 厘米，高 123 厘米，由屏风、床座和床板等组件构成。其中画像石有 17 方，素面石条有 8 方，最引人注目的是三面合围棺床的 11 方屏风。这些石屏风高均为 87 厘米，宽 30 至 46 厘米，是 11 幅精美的彩绘画像石。棺床左右两侧各 3 方，正面为 5 方。这些画像石屏风的底边镶嵌在床板边沿预留的凹槽内，而屏风背面上下两端亦由凹槽与铁质或木质榫件相结合的方式拼接在一起。

这些石屏风雕工精湛，画面细腻传神。古代工匠们雕琢完毕后，在这些画像石上装饰了鲜艳的红彩，并在红彩上贴金，还用墨线勾勒出人物衣服的纹理，使整张棺床显得富丽堂皇。

棺床正面中间一方石屏风的画面内容是墓主夫妇二人对坐宴饮的情景。其余石屏的图案以此为中心，左右展开，画面主题向两侧对称排列。这些石屏风的画面内容有花径长廊、荷塘水榭、亭台楼阁、浮桥城门以及牛马车辆、酿酒狩猎、红日朗月等。画面丰富而生动，充分展现了墓主人宴饮作乐、车马出行、赏景休闲、郊游狩猎等生活场景。因为年代久远，石屏风上的朱彩贴金绝大部分已经剥落，但从现存的些许痕迹仍能想见其当年的富丽与华美。

棺床的床座正面覆盖着 4 块床板，床座底部的图案分为上下两层，上层雕刻了一排壸（kǔn）门，里面为乐伎形象。下层壸门中为长有双翼的神兽形象，呈托举之态。正面床沿处以连珠忍冬纹为饰。石棺床两侧有一雌一雄两只石兽，呈昂首蹲坐状，前后爪撑在石墩上，后背凿成平面，支撑在床板左右两脚下。这些棺床构件皆饰以贴金彩绘。

这张石棺床不仅因绝美的雕刻而有着重要的艺术价值，它所展现出的艺术风格和装饰内容，还反映了异域的一些宗教祭祀文化。据文物专家解读，床脚下的两只石兽正是祆教文化中的“神犬”。不仅如此，石屏风中部分画面内容，如酿酒图、红日、朗月等意象，也是祆教文化艺术的体现。

祆教又称火祆教、拜火教，是琐罗亚斯德教在中国的别称。琐罗亚斯德教是波斯古代宗教，3至7世纪为萨珊王朝国教，遂盛行于中亚。约在北魏时经由丝绸之路传入中国，因其拜火和天，因此称之为祆教，俗称拜火教。祆教的传入和活跃在这一时期的粟特人有着密切的关系。

粟特是中亚古国名，位于今塔吉克斯坦和乌兹别克斯坦境内。粟特人擅长经商，在丝绸之路的繁盛时期，他们穿越千里来到中国，进行频繁的商贸活动，将中原盛产的丝绸运往西域地区，又将当地盛产的美玉、珠宝、香料等产品通过丝绸之路输入至中原王朝。这些从事国际转贩贸易的粟特人中，不乏富商巨贾。他们的商队不仅带来了异域琳琅满目的农作物和商品，也带来了神秘的宗教文化，对东西方的文化交流起到了重要的作用。

甘肃天水是古丝绸之路上的重镇，在长达几千年的历史发展过程中，多姿多彩的民族文化在这里交汇、融合。粟特人在其中扮演了至关重要的角色，他们的文化艺术发展水平很高，主要表现在绘画、音乐、舞蹈等方面。粟特人的绘画艺术主题广泛，他们将史诗故事、祭祀仪式、民间传说以及寓言等，都通过画笔和色彩表现出来，用明艳的色彩和优美的线条塑造出独特的粟特绘画艺术风格。

在中国北朝至隋唐时期，粟特文化随着经贸往来，不断经由丝绸之路传入中国，与中原文化互相借鉴和交融。在这样的时代背景下，众多带有这类审美风格的艺术品被古代工匠创造出来。这张屏风式石棺床正是这种东西方文化交流的产物，它雕刻精美的画像内容，将华风胡俗融于一体，是反映时代特色和民族特色的艺术精品和文化宝藏，具有浓厚的祆教色彩和中原文化艺术特点。

遥想 1000 多年前，中亚的粟特商队，穿越茫茫的戈壁将西域的商品和文化艺术传入中原。驼铃声声，丝路漫漫，风沙雕刻了这位粟特贵族富丽堂皇的地下棺床，也雕刻了千百年来绚烂而辉煌的厚重时光。

小贴士

天水市博物馆珍藏的这张贴金彩绘屏风式石棺床，保存完好，雕刻精美，是一件古代粟特文化与中原文化相融合的艺术精品，被评为国家一级文物，对于研究我国古代建筑、绘画艺术、民族音乐、服饰特色、生活习俗等具有十分重要的学术价值。

参考文献：

① 张卉英．天水市发现隋唐屏风石棺床墓 [J]．考古，1992(1).
② 李宁民．天水出土屏风石棺床再探讨 [J]．中原文物，2013(3).
③ 李永平，周银霞．围屏石榻的源流和北魏墓葬中的祆教习俗 [J]．考古与文物，2005(5).
④ 姜伯勤．中国祆教画像石在艺术史上的意义 [J]．中山大学学报：社会科学版，2004(1).

44 5000 年前灵动的舞者 ——舞蹈纹彩陶盆

20 世纪 70 年代中期，青海省海南藏族自治州同德县团结村的村民在进行农田建设时，在县城西北约 40 千米处，意外发现了一些动物和人的遗骸，以及一些彩陶制品。村民当即将这一发现向当地的相关部门做了汇报。

1982 年，当地开展文物普查工作时，将这里命名为“兔儿滩遗址”。第二年，省考古队对兔儿滩附近的墓葬进行了试发掘。从出土的圆形土窑、墓葬等遗迹和陶壶、陶罐等各类文物判断，这处遗址的文化类型属于马家窑文化半山类型。

1994 年 6 月至 1996 年 10 月，青海省文化厅文物处组织考古工作人员对这处遗址进行了正式的勘探和发掘，发现有墓葬、窖穴、祭祀坑多处以及石、骨、陶器等遗物 2.3 万余件，取得了丰硕的成果，获取了一大批宝贵的实物资料。因为当地群众将这一地带称为“宗日”，意为“人群聚集的地方”，考古学者将“兔儿滩遗址”正式定名为“宗日遗址”。

宗日遗址是在黄河上游地区发现的时代较早、面积最大、内涵极为丰富的一处新石器时代遗址，遗址年代相当于马家窑文化时期至齐家文化时期。这次发掘出土了数量惊人的历史遗物，以陶器居多。此外还有石器、骨器以及少量铜器等。

在出土的陶器中，有一件陶器堪称马家窑彩陶文化的杰出作品，它就是距今已 5000 多年历史的舞蹈彩陶盆，如今已经成为青海省博物馆的镇馆之宝。

这件彩陶盆为泥质红陶，通高 12.5 厘米，口径 24.2 厘米。陶盆的口沿微微内敛，沿边外卷，盆底小而平，通体装饰着黑色彩绘图案，这些彩绘也是整件器物最引人注目的亮点。

在陶盆的口沿处绘有成组的三角折线纹和斜线纹，这两种纹饰相间排列，绕口沿一周。陶盆的外壁绘有 3 道弦纹，绕盆壁一周后，宛如丝带一般束结在一起，纹饰简洁而流畅。内壁上绘有两组人形图案，一组 11 个人，另一组 13 个人。他们头上戴着宽大的头饰，下身穿着圆球形的装饰，可能是一种原始的裙装。他们正手挽着手，跳着欢快的舞蹈。两组人物图案之间用弧线纹、斜线纹和圆点纹相隔。人物的脚下饰有 4 条平行的弦纹，可能是代表地面，使整个画面显得饱满而充实，体现出古朴的神韵。当盛水时，这件陶盆就变成了一方小小的池塘，池边欢乐的人群欢快地起舞，与池面上的倒影相映成趣。

从画面上看，这些舞人动作整齐划一，很有可能是原始先民对这种集体舞已经进行过反复的演练，画面虽然静止，却给人以一种节奏明快的韵律感，让人觉得这些绘于内壁的人物充满了古朴和灵动之美，体现了原始先民对生活细致入微的观察和别具一格的审美。

马家窑文化是黄河上游新石器时代晚期的一种文化类型，距今已有 5000 多年的历史。1924 年，瑞典学者安特生在甘肃临洮马家窑村发现了一处新石器时代晚期的文化遗存，将这处文化类型定名为“仰韶文化马家窑期”。20 世纪 40 年代，著名考古学家夏鼐先生在研究中发现这处文化类型与仰韶文化有着明显差异，因此正式将其命名为“马家窑文化”。

马家窑的原始先民，在这片土地上发展出了高度发达的陶器文明，尤其是爽朗精细的彩绘陶器，形成了绚丽而又典雅的艺术风格，比仰韶文化有更进一步的发展，其分布区域之广、时间跨度之久、蕴藏数量之大、造型纹饰之美、文化内涵之深，都达到了世界彩陶文化的最高峰。

这件舞蹈纹彩陶盆是原始先民遗留下来的艺术珍品，描绘了 5000 多年前河湟（huáng）谷地先民的生活情景，是当之无愧的国宝级文物。这件彩陶盆的具体用途是什么？原始先民为什么要在上面彩绘出这样的装饰图案？这组舞蹈纹又表达了怎样的文化内涵？诸多专家学者带着这些问题，对这件彩陶盆做了深入而细致的研究，得出的结论也不尽相同。

有人认为这组集体舞蹈纹描绘的是当时的人们喜庆丰收的场景。在原始社会，食物的匮乏是人们每天都要面临的挑战，随着耕种技术的出现和成熟，人们不再完全依靠采摘和狩猎来满足生活所需，作物丰收则是一件值得整个部落庆祝的大事。

也有人认为这是一种庆祝胜利的舞蹈。在遥远的史前文明时期，部落之间有时会因食物、水源以及领地等问题发生纠纷、冲突，甚至战争。人们打了胜仗，捍卫了本部落的利益后，就会通过这种欢快而热闹的集体舞来酣畅地表达内心的喜悦。

还有一种观点则认为，这种舞蹈与遥远的图腾信仰或巫术有着某种密不可分的联系，反映了一种原始而神秘的祭祀场景。在原始先民朴素的自然观中，无论获得丰收、成功抵御外敌，还是人丁兴旺、平安健康，都离不开自然界中“神明”的庇佑。因此，各类繁缛而庄严的祭祀活动在人们的日常生活中占据了重要的位置，而舞蹈则是祭祀活动中非常重要的一个环节。在这个隆重、庄严而又神秘的场合，舞者成了人们与神明沟通的使者，他们通过舞动肢体全身心地融入祭祀活动中，完成人与神的交流，表达人对幸福的企盼。

基于对彩绘纹饰所表达的文化内涵的解读，关于这件彩陶盆的具体用途，我们可以做出一些推测：或许它只是原始先民的一件日常用具，用于盛放水或食物；或许它是用于祭祀或殉葬的某种神秘的器具。

这件舞蹈纹彩陶盆在地下沉睡了几千年，如今正安静地陈列在青海省博物馆的展厅里。凝望着它那古朴的造型和神秘的黑彩，我们的眼前仿佛出现了这样的画面：5000 年前的一个夜晚，人们结束了一天的劳作，围着熊熊燃烧的篝火，手挽着手，欢快地跳起舞来，可能是为庆祝新的丰收，可能是为迎接部落里刚刚诞下的新生儿，抑或在祈祷更美好更幸福的明天……

小贴士

青海省博物馆珍藏的这件马家窑文化舞蹈纹彩陶盆，是该馆的镇馆之宝。它造型古朴，彩绘内容生动传神，是新石器时代晚期马家窑文化彩陶的杰出代表，生动反映了原始先民的生活场景，对于研究史前人类精神生活有着重要的学术价值。

参考文献：

① 方协邦，李芬兰. 古代体育乐舞的又一旷世珍品：青海宗日舞蹈纹彩陶盆简评 [J]. 体育文史，1999(1).

② 陈洪海，王国顺，梅端智，等. 青海同德县宗日遗址发掘简报 [J]. 考古，1998(5).

③ 宋迎东. 原始陶器舞蹈纹的文化意蕴探析 [J]. 成都体育学院学报，2014(1).

④ 陈启荣. 瑰丽的舞蹈纹彩陶盆 [J]. 中国土族，2010(S1).

⑤ 蓝凡. 中国史前舞蹈纹彩陶盆的新考释 [J]. 民族艺术研究，2020(6).

⑥ 曾永丰，郭广智. 也谈舞蹈纹彩陶盆的文化寓意 [J]. 青海民族大学学报：社会科学版，2012(3).

45 朔色长天：短暂而辉煌的西夏王朝
——鎏金铜牛

在距离宁夏银川市不远的贺兰山下，有一片高低起伏的黄色土丘，当地人将这片黄土丘称为“昊王坟”。1971 年冬天，宁夏驻军某部进行战备训练，在昊王坟附近开挖战壕，没想到挖出了不少残碑碎片，上面还带有一些不认得的文字，于是紧急与当地文物部门取得了联系。

考古人员赶到现场后，对残碑上的文字进行了辨识，最后确认竟然是消失已久的西夏文字。随后考古人员又在这里发掘出 1700 多块带字残碑碎片和几千块残碑，发现了数座西夏陵墓，并通过墓主人的身份推断这里是西夏王陵。当地老百姓口中的“昊王坟”，正是西夏开国皇帝李元昊的陵墓。

经过调查得知，西夏王陵中的陵墓基本都被盗掘过，遭到了严重的破坏，只有 101 号陪葬墓保存相对完好。1977 年，考古工作者对这座墓开始了正式发掘，经过 8 个月的努力，考古队员们终于抵达地下 21 米深的地下王陵。可没想到这座陵墓中的文物也早已被盗墓贼洗劫一空，这让满怀希望的考古队员们犹如被兜头泼了一盆冷水，心中气愤至极。一位队员因愤恨盗墓贼的可耻行为，甚至忍不住狠狠踹了一脚脚底下早已腐朽的墓门。

然而正是这一脚，让戏剧性的一幕发生了。两只金灿灿的牛角刺破墓门，露了出来。考古队员连忙俯下身来清理，最后在土中发掘出一尊健硕的铜牛，成为这次考古发掘的一个重要发现。大家推测可能是当年盗墓贼炸毁墓门进入墓室时，倒下的墓门刚好盖在了铜牛上面，才使它躲过了盗墓贼贪婪的洗掠。这就是广为流传的“被一脚踢出来的国宝”的发现过程。不过当时的情况是否如此，现已无从考证。

这尊铜牛用青铜铸成，体内中空，长 120 厘米，宽 38 厘米，高 45 厘米，重达 188 千克。铜牛呈四蹄内屈跪伏的姿态，牛头高高昂起，双眸向前平视，做远眺之状。牛角耸立，弯出优美的弧度。牛颈宽厚，上有弧状纹理。

铜牛身体健硕，四肢强壮有力，比例匀称，线条流畅。全身以鎏金为装饰，因年代久远，多已剥落，但仍可以想见当年它刚被铸造出来时，是多么的金光熠熠。如今，这件鎏金铜牛已经被评为国家一级文物，并成为宁夏博物馆的镇馆之宝。

鎏金铜牛见证了西夏党项人短暂而辉煌的历史——让后世不断追索的一个千古之谜。这个曾与北宋、辽鼎立，后又与南宋和金并存的强悍王朝，几乎一夜之间变得杳无踪影，突兀地消逝在历史的长河之中，仿佛只有那些断壁残碑和上面天书般的西夏文字，证明着在这个世界上它曾经辉煌地存在过。

西夏是 1038 年由党项族在中国的西北地区建立的政权，自称大夏或大白高国。因地处西北，中原宋朝称它为西夏，这一名称一直延续下来。党项族是古老羌族的一支，又称党项羌，曾生活在今甘肃、青海、四川三省毗连的辽阔草原上，过着游牧生活。隋朝建立后，党项羌归附隋朝，接受册封，与隋建立朝贡关系。631 年，唐王朝安置内附党项羌 34 万人。

唐朝开国的同时，吐蕃政权从青藏高原上崛起，不断向外扩张，与唐朝展开了争夺青海与西域的斗争。公元670年前后，吐蕃攻占大部分党项领地。党项拓跋等部向唐王朝求助，唐王朝将其迁往陇右庆州（今甘肃庆阳）等地，这是党项历史上第一次大迁徙。“安史之乱”后，唐政府又将庆州党项迁往银州以北、夏州以东地区（今鄂尔多斯高原南缘），这是党项历史上第二次大迁徙。

几度迁徙的党项拓跋部，一直保持在党项羌中的强族地位，其首领世代被唐朝授以高官。在唐朝末年的黄巢起义中，党项首领拓跋思恭感念皇恩，立下赫赫战功，被唐僖宗升为定难节度使，治所夏州，封为“夏国公”，并被赐姓“李”。从此李思恭及其后人成为一方藩镇势力。

唐朝灭亡后，历史进入了错综复杂的五代十国时期。此时的党项族小心谨慎地与周边势力周旋，同时使其疆域不断发展扩大。宋朝建立后，太祖皇帝赵匡胤对少数民族藩镇势力实施了宽松的政策，西夏党项则因家族内部矛盾而分裂，李继捧与李继迁兄弟二人对宋朝分别选择了归附和对立。

李继迁利用宋辽之间的矛盾，采取“联辽反宋”战略。在辽的支持下，李继迁屡败宋军。1004年，李继迁战死，其子李德明继位，攻占了整个河西地区，进一步拓展了党项的势力范围，为西夏建国奠定了坚实的基础。不幸的是李德明51岁时病逝，称帝夙愿临终仍未能实现。

1032年，李德明的儿子李元昊继夏国公之位，摒弃李姓，修建宫殿，创造西夏文字，设定官制，在其父奠定的基础上，为称帝做着最后的准备。1038年，35岁的李元昊在兴庆府（今宁夏银川）筑坛受册，即皇帝位，建国号为“大夏”。

在李元昊的统治下，西夏成为当时名副其实的军事强国，与北宋、辽形成鼎足之势，盘踞西北，虎视中原。脱离宋朝而自立的西夏，自然引起宋廷的震怒，双方的关系彻底破裂，战争已不可避免。

李元昊称帝后数年内，接连向宋朝发动了数次大规模战役，重创宋朝布防到西北地区的精锐部队。此外，还在河曲之战中，将前来讨伐御驾亲征的辽兴宗打了个落花流水。在与宋辽对峙的日子里，西夏国主李元昊审时度势，广施计谋，将其英勇果敢、阴狠狡猾、能屈能伸的性格表现得淋漓尽致。

打败了宋辽两国之后，西夏政权得以进一步巩固，国家逐步安定并强盛起来。但李元昊不能免俗地开始贪图安逸，纵情享乐，酒色消磨了他开疆拓土的锐气，安逸湮没了他称霸天下的豪情。上行下效，西夏统治阶层也日益腐朽堕落，社会矛盾逐渐显现出来。

1047 年，李元昊改回李姓。1048 年，李元昊立原与太子宁令哥定亲的没移氏为新皇后。没藏氏（李元昊的情妇）之兄、国相没藏讹庞怂恿宁令哥刺杀了李元昊，随即又处死了宁令哥，拥立刚满周岁的李谅祚登基帝位，是为夏毅宗。由此西夏大权旁落到外戚没藏讹庞的手中。

夏毅宗长大后，伺机诛杀了没藏讹庞及其族人，夺回了大权，同时对内提倡汉文化与技术，鼓励生产，对外与宋重新划定边界，恢复商贸往来，国力得以复苏。此后西夏王朝经过母党专权的灰暗阶段，直到夏仁宗李仁孝执政期间，西夏出现了短暂的盛世局面。然而好景不长，夏仁宗死后，漠北的蒙古族迅速崛起，铁木真吞并了草原上的各个部落，建立了大蒙古国，并挥师南征西夏。1227 年，强悍的蒙古铁骑最终攻灭了西夏王朝。

这个在历史上存在了189年的王朝，虽然短暂，却也创造了自己灿烂的文化。西夏王陵出土的这件鎏金铜牛，不仅展示了西夏王朝高超的冶炼锻铸技术，还是西夏由游牧经济向农耕经济过渡的历史见证。

贺兰山下，黑水城边，那朔色长天凝结了这一段神秘的时光，又将它匆匆地掩埋进历史隐秘的角落，唯有亘古的神秘，吸引着后人去追索，去探寻……

小贴士

宁夏博物馆珍藏的这件西夏鎏金铜牛，造型生动逼真，形神兼备，反映了西夏高超的冶炼和铸造技术水平，是国家一级文物，也是该馆的镇馆之宝，有“西夏第一牛”的美誉，对于研究西夏历史文化有着重要的意义。

参考文献：

① 梁应勤．西夏第一牛：鎏金铜牛 [J]．文物鉴定与鉴赏，2014(7).

② 刘红英．西夏青铜铸造艺术精品：鎏金铜牛 [J]．文物天地，2015(9).

③ 布衣．西夏王陵千古之谜 [J]．中外房地产导报，2000(11).

④ 考古．走近“东方金字塔”：宁夏西夏王陵大探秘 [J]．文史春秋，2002(6).

⑤ 黄震云．西夏王陵鎏金铜牛石马和辽兴平公主墓葬考 [J]．东北史地，2010(5).

宁夏固原博物馆

46 柱国大将军的波斯宝器
——凸钉玻璃碗

1983年秋，宁南山区层林尽染，秋意正浓。固原县（今固原市原州区）城南郊一带的农田中，十几座三四米高的土丘矗立在秋风中，营造出一派萧瑟肃穆的气象。其中有一座土丘在风雨侵蚀和人为破坏下，已经被削去了大片，丛生的杂草在秋风中摇曳，让这里更显得落寞而荒凉。

这里是一处古代的墓葬群，那些高大的土丘正是埋葬逝者的封土堆。日月轮转，它们已在这里存在了近1500年。

9月间，宁夏考古工作者开赴这里，对那座破坏严重的封土堆展开了发掘清理工作。一天中午，考古队员们吃过午饭继续回到工地发掘，快到下午的时候，乌云压了下来，接着就刮起了大风，大雨夹着冰雹紧随其后，他们只好暂停了工作。

大雨过后，考古场地的地层回填土的痕迹被冲刷得格外清晰，这为挖掘工作提供了便利。一周之后，考古队员们沿着这些印痕顺利地发现了墓道。在甬道和墓室里，考古人员陆续清理出200多件各式彩绘陶俑，它们颜色艳丽，造型美观，展现了墓主人生前车马仪仗的奢华场景，这让现场的人们激动不已。

墓室早年曾严重塌方，还遭受过盗扰，墓主人的棺椁已经腐朽，尸骨也已散乱不堪。考古人员从现场的痕迹判断，这是一座夫妻合葬墓。墓室四壁残存有 20 多幅精美的壁画，生动地记录了墓主人生前奢华的生活场景。在墓室的西北角，考古队员们发现了两件波斯风格的稀世珍宝，一件是端庄典雅的鎏金银壶，另一件是晶莹剔透的玻璃碗。它们因为墓室早年的塌方，被掩埋在这个极不起眼的角落，这才躲过了盗墓贼的洗掠。

这件玻璃碗高 8 厘米，口径 9.5 厘米，腹深 6.8 厘米，下腹最大径 9.8 厘米，重 245.6 克，通体透明，呈碧绿色，内含分布均匀的小气泡。玻璃碗造型新奇，直口，矮圈足，碗外壁厚约 4 毫米，上面装饰着凸起的凹面圆形饰，圆形饰并非规整的正圆，最厚的部位为 7 毫米，分上下两圈，上圈 8 个，下圈 6 个，上下错位排列在碗的外壁，且与外壁浑然一体，说明它们并非后贴上去的。因为这种新奇的装饰，文物专家们将它称为“凸钉玻璃碗”。

这件玻璃碗用烧吹技术制造而成，器物成型后，再利用雕花技术对外壁的凸饰及口沿处进行处理。因为年代久远且长埋于地下，玻璃碗的外壁产生了一层薄薄的金黄色分化物，主要分布在下腹和底部，并未影响到它整体的色泽和亮度。专家经过科学检验，推测它应该属于波斯萨珊王朝的钙钠玻璃制品。

难得的是，考古人员在这座墓中还发现了墓志，这对确定墓主人的身份和时代起到了至关重要的作用。据墓志铭显示，这座墓的墓主人正是北周柱国大将军李贤和他的夫人吴辉。

公元 502 年，李贤出生于高平（今宁夏固原原州区），据史书记载，他极有可能是鲜卑族的后裔。他祖上在北魏太武帝时战死沙场，因而获封为宁西将军、陇西郡守。祖父李斌率父亲的部众前往高平驻守，因此携全家搬迁到这里并定居下来，成为当地名望颇高的一族。

14岁时父亲李文保过世，年纪尚小的李贤肩负起教养两个弟弟的重担，这个经历也养成了他少年老成的性格。李贤自幼志向远大，颇有谋略。到二十出头的年纪，就巧用妙计协助北魏朝廷光复了高平城，立下了大功。

那是公元524年，胡琛发动了反抗北魏的起义，占领了高平城（后改称原州）。528年，北魏朝廷派雍州刺史尔朱天光率大军前来征讨。尔朱天光并未急于攻城，而是先秘密派人前往原州，暗中与李贤取得了联络，要他在城内配合讨逆大军做内应。

当时义军的一部由万俟（mò qí）醜（chǒu）奴率领正在攻打岐州，另一部则由万俟道洛率领，在原州城里驻扎。李贤审时度势，用“调虎离山”之计，派人伪装成万俟醜奴的使者，对万俟道洛谎称岐州已取胜，要他率众火速前往，商讨军情。万俟道洛果然中计，率驻守在原州城里的义军出了城。万俟道洛刚一撤走，尔朱天光的大军就开进城来，不费吹灰之力占领了原州。

光复了原州城，尔朱天光大喜，对李贤连声称赞，并任命他为原州主簿。随后，万俟道洛的余部又反攻原州，李贤率众殊死抵抗，又冒死出城向尔朱天光求援，最终解了原州的危急。在保卫原州的战斗中，李贤舍生忘死，接连立功。北魏为表彰其功，封他为威烈将军、殿中将军和高平令。

534年，北魏大将军宇文泰西进后，任命李贤为都督，全面负责镇守原州。后来北魏分裂为东魏和西魏，李贤仍在原州镇守。在西魏扮演重要角色的宇文氏一族，将原州作为扶持西魏和建立北周政权的根据地，对李贤也是愈加信任。宇文泰巡视原州时，总要亲自前往李贤的府上探望，双方建立了颇为亲密的关系。

有一次，宇文泰带着西魏太子来到李贤府上。李贤大摆筵席，宇文泰打破君臣之礼，提出按年纪长幼落座，让最年长的李贤坐在了首位，可见对他的礼遇之高。不仅如此，宇文泰还将两个儿子宇文邕（yōng）、宇文宪托付给李贤夫妇二人抚养。李贤夫妇尽心竭力，不但照顾兄弟二人的饮食起居，还在文化教育上予以辅导。兄弟二人在李贤家生活了 6 年，与他夫妇二人也建立了深厚的感情。后来，宇文泰还特别赐姓“宇文”给李贤之妻吴辉，并给予了丰厚的赏赐。

公元 557 年，宇文泰儿子宇文觉代西魏称帝，国号“周”。560 年，曾受李贤夫妇照料的宇文邕登基帝位，成为北周政权的第三位皇帝。此时吴辉已经去世多年。感念于吴辉的养育之恩，宇文邕再次对李贤厚加封赏。李贤一族也因在北周政权建立中立下了汗马功劳，而成为当时显赫的名门望族。

李贤去世后，后人又将吴辉迁到这里，与李贤合葬在了一起。在精心修建的陵墓里，他的后人用丰厚的随藏品为他陪葬。尘封了近 1500 年后，墓室的门终于被再次打开，那些曾被北周王室赏赐的奇珍异宝得以重见天日。

如今，李贤墓出土的那件波斯风格的玻璃碗，被珍藏在宁夏固原博物馆里，在展厅的玻璃展柜中，散发着淡淡的碧绿色的光芒。

小贴士

李贤墓中出土的这件玻璃碗保存完好，装饰新奇，是一件波斯萨珊王朝时期的玻璃艺术品。它纪年明确，对确定此类玻璃制品的年代具有标尺作用，是考察当时东西方贸易极为重要的实物资料。

参考文献：

① 韩兆民. 宁夏固原北周李贤夫妇墓发掘简报 [J]. 文物，1985(11).

② 安家瑶. 北周李贤墓出土的玻璃碗：萨珊玻璃器的发现与研究 [J]. 考古，1986(2).

③ 冯国富，武殿卿，黄丽荣. 李贤墓出土波斯萨珊器之二 [J]. 固原师专学报，1991(2).

④ 李鑫，禹凤. 北周李贤及其家族 [J]. 文物天地，2020(11).

新疆维吾尔自治区博物馆

47 东方庞贝：大漠风沙下的精绝古国

——“五星出东方利中国”锦护臂

在新疆维吾尔自治区博物馆的展厅里，陈列着一件独特的汉代织锦护臂。护臂，是引弓射箭时用于保护臂部的护具。这件护壁之所以独特，是因为上面织着两行清晰的篆体汉字，这两行文字内容相同，自右向左为“五星出东方利中国”。

一件汉代的织锦护臂上不仅出现了“中国”字样，上面的“五星”二字，又与我们的国旗“五星红旗”相呼应，实属罕见。毕竟在遥远的汉代，“中国”一词不同于后来代表国家的含义，而是指黄河中下游及中原地区，是一个地理概念。然而“五星”“中国”字样同时出现在这件汉代的织锦上，不得不说是历史留给我们的一个十分美好的巧合。

这件汉代织锦护臂的形状是个圆角长方形，以白绢镶边，因年代久远，绢已泛黄。在织锦的两条长边上配有 6 条绑带，每边各 3 条。织锦长 18.5 厘米，宽 12.5 厘米。护臂所用面锦色彩绚烂，纹样神奇。图案为云气、瑞兽、吉祥语、星纹的精巧设计。在祥瑞云气纹样间，有序织出凤凰、鸾鸟、麒麟、白虎等瑞兽图案，并依次织出“五星出东方利中国”吉祥小篆文字及用圆圈纹表现的“五星”图案，织锦织造使用白、青、黑、赤、黄五色丝线，对应“五星”的吉祥语和星纹设计，呈现与金、木、水、火、土五行的密切关联，鲜明地昭示出汉代阴阳五行思想深刻地影响了奢华织锦的创制，表达了祈佑祥瑞的寓意。

这件织锦护臂出土于中国西北广袤沙漠中的一处历史遗迹——神秘的精绝古国遗址。提到这处古遗址，我们的故事还要从一个多世纪前说起。

早在19世纪末，瑞典人斯文·赫定来到中国西部的塔克拉玛干沙漠探险，意外地在人迹罕至的沙漠深处发现了荒废千年的古代城市遗址。他的这个发现，轰动了全世界，也吸引了欧美各国的探险队不远万里来到中国西部，深入到那片广阔无垠的沙海，探索未知的古城。

其实，这些沙漠古城遗址就是西汉文献记载的西域三十六国中的某些城邦的废墟，其中最负盛名的就是尼雅遗址。

尼雅遗址位于新疆和田地区民丰县正北约150千米处的沙漠中，已被荒漠掩埋了漫长的十几个世纪。这座曾经一度辉煌的古城，坐落在水量丰沛的尼雅河冲积出的平原地带，来自昆仑山的雪水在这里孕育出了一片规模庞大的绿洲。古尼雅人在这里建造了城邦，修建了佛教寺院、官署、住宅、种植园、冶铁作坊等建筑。后来，随着尼雅河水量的不断减少，尼雅古城因水源断绝而最终走向了没落。在千百年风沙的侵蚀下，它早已褪去了昔日的风采，宛如一位形容枯槁的老者，就这样在广袤的沙海中静默着，沉寂了近2000年。

打破这宁静的，是一场突如其来的喧嚣。1900年，英国探险家斯坦因带着他的探险队翻越帕米尔高原，来到尼雅河流域。这伙来自英国的不速之客，名义上是来这里进行探险和考察，实际上是在这一地区从事搜掠和盗掘中国文物的勾当。

1901 年 1 月，斯坦因偶遇当地一个手拿古代木简的农民，由此探知到沙海深处存在着一处古城遗址。这条宝贵的线索让斯坦因难掩内心的喜悦。他竭力克制，并当即以一笔丰厚的报酬买通了这个农民做向导，带领探险队前往那处不为人知的遗址。在他当天的随行日记中，甚至还记录下自己愉快地度过了这一晚。

第二天，他们沿着干涸的河道，穿过一片枯死的矮树丛，来到一大片古代聚落遗址中。眼前的景象不禁让人百感交集：黄沙之中，破碎的陶片零乱地散落在地上，芦苇制成的篱笆早已破败不堪，一座饱经沧桑的佛塔孤零零地矗立在那里，迎着风沙，昭示着一派繁华落幕后的衰败与苍凉。

这是斯坦因第一次踏足尼雅遗址。当发现这处在大漠深处沉睡了千年的古城遗址时，他兴奋得难以言表，犹如饥饿的野兽捕获了美味的羔羊。

沉睡在黄沙里的无数珍宝，被他们肆无忌惮地挖了出来，暴露在沙漠灼热的烈日下和清冷的月光中，然后再被分类、装箱、搬运……

那是一场无耻的文化劫掠。

1901 年 5 月 12 日，斯坦因带着盗掘出的中国文物返回喀什，结束了在新疆的搜掠，又经他国辗转回到伦敦。由于当时正值清朝末年，国家贫弱，政局动荡，无数价值连城的珍宝就这样被斯坦因运回了英国。此后，斯坦因又两次进入尼雅遗址，如入无人之境，盗走了大量文物，给新疆当地的历史文化遗存造成了重大损失。

时光飞逝，日月流转。80 多年后，中日联合考古工作队再次来到遥远而神秘的尼雅遗址考察。大漠黄沙，枯木荒城，向人们诉说着千年前的一个古老文明的繁荣与没落，控诉着80年前那伙强盗的贪婪与野蛮，也见证着百余年来一个国家的重振与复兴。

考古专家根据已掌握的资料，经过深入研究后，基本断定尼雅遗址正是神秘的精绝古国。

1995年10月，中日两国考古专家在此前考察的基础上，再一次进入尼雅遗址。这一次，他们在其中的一座墓葬中，发现了这件保存完好、色彩斑斓、织有“五星出东方利中国”字样的汉代织锦护臂。

专家解读这些文字是一句古代的卜辞。“五星”是指岁星（木星）、荧惑（火星）、镇星（土星）、太白（金星）和辰星（水星）。汉代的星象学家们将这5颗星同时出现在东方天空的这一天文现象，视为大吉大利之兆，是大汉兴起的祥瑞景象。

西汉的织锦为何会出现在西域精绝国的墓葬中？考古专家们根据墓葬形制和出土物判断，这座墓葬正是精绝王继承者的陵墓，年代为东汉末至魏晋时期。汉宣帝神爵二年（前60年），西汉王朝建立西域都护府，正式在西域设官、驻军、推行政令，开始行使国家主权，西域从此成为我国领土不可分割的一部分。精绝国系汉代西域三十六国之一，受西域都护府统辖。这件汉代蜀地织锦护臂，本是西汉宣帝时的宫廷之物，很可能是汉宣帝给精绝王的赏赐。精绝王为此深感荣耀，对汉天子的赏赐极为重视，精绝国王继承者死后将其随葬，让它陪自己长眠于地下。

昔日的繁华早已落幕，精绝古国历经沧桑，洗尽铅华，只留下一段不朽的传奇，和着大漠的风沙浅唱低吟。

小贴士

新疆维吾尔自治区博物馆珍藏的这件汉代织锦护臂，因上面织有“五星出东方利中国”字样而显得颇为奇特且珍贵。这件织锦护臂保存完好，色彩明艳，织造难度高，出土于被誉为“东方庞贝”的沙漠古城尼雅遗址，有着极高的艺术价值和文物价值。

参考文献：

① 于志勇．1995 年尼雅考古的新发现 [J]．西域研究，1996(1).
② 林梅村．汉代精绝国与尼雅遗址 [J]．文物，1996(12).
③ 黄加佳．尼雅探秘 [N]．北京日报，2019-02-26(17).
④ 王瑟．“五星出东方利中国”的解说 [N]．光明日报，2012-01-06(11).

新疆维吾尔自治区博物馆

48 高昌英雄冢的千年守护神
——彩绘天王踏鬼木俑

在新疆维吾尔自治区吐鲁番市区东偏南约 40 千米处，有一处规模庞大的西晋至唐代的墓地遗址——阿斯塔纳古墓群。这座古墓群距离高昌故城只有 6 千米，是当年高昌故城的居民去世后长眠的幽静之地。在占地约 10 平方千米的戈壁沙丘中，分布着密集的古冢，古冢下埋葬的既有达官显贵，也有平民百姓，他们在茫茫戈壁的地下已沉睡了 1000 多年。

晚清以前，这里偶尔有盗墓贼前来盗掘，但规模都比较小。18 世纪以来，欧洲探险家以探险为由，闯入了这片有着千年历史的古墓群，在这里进行了长达 80 年的疯狂盗掘。这些贪婪的强盗惊扰了安息逝者的千年旧梦，也掠走了无数价值连城的珍贵文物。以英国斯坦因、俄国科兹洛夫、德国勒科克和日本橘瑞超等为首的臭名昭著的文物强盗，无耻地将在这里挖出的中国文物运回了各自的国家。他们对中国新疆地区的历史文化遗存造成了极为恶劣的破坏，犯下了令人发指的罪行。

新中国成立后，考古工作者对这片惨遭洗掠的古墓区先后进行了多次发掘，出土了以文书、墓志、丝织品为代表的文物上万件及大量干尸。专家们对这些文书进行了精心的梳理，发现它们从西晋到大唐，纵跨了 500 年，记载了这段历史的方方面面，是极其珍贵的文献资料。

自 1959 年以来，考古人员清理了近 400 座阿斯塔纳古墓葬，其中就有西域名将张雄和他妻子麹（qū）氏的合葬墓。

那是在 1973 年的 9 月，新疆维吾尔自治区博物馆和西北大学历史系考古专业组成了联合考古队，对阿斯塔纳村北、公路东侧的古墓群进行了全面的发掘。这次发掘工作历时近两个月，考古人员共发掘了 38 座墓葬，其中大部分古墓已遭受过不同程度的破坏，甚至还在古墓中发现了沙俄盗墓者使用过的火柴盒残片和火柴梗。

这次发掘取得的一个比较大的收获，就是确认了 206 号古墓的墓主正是高昌左卫大将军张雄。张雄祖籍是河南南阳。西晋末年，中原地区动荡不安，大量汉人为躲避战乱而向西迁徙，张雄家族向西迁入高昌。张雄的姑母是高昌王的太妃，张雄又助高昌王麹伯雅复国，功勋卓著，因此被高昌王授予重权要职。他的妻子麹氏作为高昌王族成员，与他结成连理，使得张氏成为高昌地区的名门望族，世代与高昌王族麹氏互通婚姻。

贞观元年（627 年），唐太宗李世民掌权后将统一中国列为头等大事，而统一的一大阻碍就是割据势力。当时高昌王之位已由麹伯雅之子麹文泰继承。麹文泰起初按时朝贡，高昌国与唐朝关系友好，后来竟背地里阻拦西域朝贡者，勾结西突厥，扰乱边疆秩序，破坏国家的统一大业，对抗中央朝廷政令的实施。这让一贯主张统一的左卫大将军张雄极为愤懑和不满，屡次向麹文泰直言进谏。然而，张雄的谏言并没有让麹文泰警醒。进谏无果后，张雄忧愤成疾，最终撒手人寰。张雄死的时候，他的小儿子张怀寂才 3 岁。

唐太宗数次派使者向麹文泰陈述利害关系，“冀其悔过”，与唐朝重建友好关系。但是麹文泰不听劝阻，一意孤行。于是，唐太宗任命吏部尚书侯君集为交河道行军大总管，率领唐朝大军出征讨伐。贞观十四年（640 年），唐军兵临碛（qì）口。麹文泰日思夜盼的西突厥援军始终没到，其内心无比惊恐焦虑，最终病发而死。

唐太宗平定高昌后，感念张雄的统一主张，对他的两个儿子委以重任，张雄的妻子麹氏也被封为永安太郡君。张雄去世 55 年后，麹氏离世。夫妇二人虽合葬在一起，却因时隔半个多世纪，葬制也发生了变化。因此他们的墓葬形制在原来的基础上又进行了一些改建，这在阿斯塔纳墓葬中尚为首例。

考古人员走到张雄墓的墓门外时，发现了一尊彩绘木俑。当时考古人员并未意识到它的珍贵，以为是一件普通的镇墓俑，毕竟这类镇墓俑或镇墓兽在唐代墓葬中比较常见，于是将它装箱，连同发掘出土的其他文物一并运送到了新疆维吾尔自治区博物馆。

文物专家对这尊在地下埋藏了千年的木俑进行清理后，才发现了它的独特之处。这件彩绘木俑不但保存完好，而且竟是可以拆卸的，在国内尚属首次发现，并且迄今为止仅此一件，现在它已成为新疆维吾尔自治区博物馆的镇馆之宝。

根据这尊彩绘木俑的形态，专家们为它取了一个听起来有点可怕的名字——彩绘天王踏鬼木俑。木俑通高 86 厘米，由一个彩绘天王和一个素面小鬼组成。天王的五官雕刻得细致入微，极富感染力。他双眉浓黑倒立，双眼暴突，大嘴怒张，白牙森然。上唇及两侧用黑彩勾出胡须，粉紫色的面部肌肉层次分明，显得正气凛然。

天王上身披甲，高举右臂。铠甲以大红为底色，上面以黄、蓝、绿、黑等色彩绘云纹、花卉图案和描金边饰，色彩鲜艳，尽显华贵。天王胸前佩有两块绿色护镜，双肩饰以虎头状护膊，为其增添了勇猛威严的气势。天王脚下穿靴，右脚踏住一个小鬼，做镇压之态。小鬼由一整块木料雕琢而成，他头戴小帽，宽嘴短鼻，全身仅头面位置用红色和黑色加以彩绘，表情痛苦而惊骇，凸显了天王的神勇和威严。

天王的形象源自佛教中的护法天王像。佛教自传入中国后，与中国本土文化相融合。唐代时，护法天王像逐渐演化成了一种带有明显中国艺术特色的武士形象。这种身穿铠甲的天王俑被视为拥有无边神力的守护神，常被放置在墓室门外，用来守护墓主不被邪祟打扰。

这尊彩绘木俑最特别之处，在于它的制作方法。它并非用整木雕刻，而是由 30 多块大小不等的木料分段雕琢，再将雕出的躯体部件黏合在一起。更让人惊奇的是，为了更加贴合真实状态，连天王俑的牙齿都是独立雕成的。

此外，透过这尊彩绘天王俑，还可以看出中原文化和西域文化相互交融的痕迹。木俑的姿容和身穿的铠甲具有明显的中原文化特征，而裤腿和夹衣袖口的花纹则是明显的西域风格。这种文化交融并和谐统一的艺术风格，也极大地提升了它的价值，同时印证了中原与西域的密切联系。

沙漠地带干燥的自然环境，使这尊木俑虽历经千年，仍得以完好地保存下来。时至今日，它身上的各色彩绘仍斑斓如新，向世人展示着 1000 多年以前的彩绘木雕艺术，展示着高昌大将军张雄一生的功勋与荣光。

小贴士

彩绘天王踏鬼木俑是一件唐代彩绘木俑精品，保存完好，雕琢细腻，工艺精湛，是新疆维吾尔自治区博物馆的镇馆之宝。它以独特的分段雕刻工艺，展示了唐代天王俑的风姿，反映了中原和西域两地文化的交融，具有极高的艺术价值和历史价值。

参考文献：

① 新疆维吾尔自治区博物馆，西北大学历史系考古专业．1973 年吐鲁番阿斯塔那古墓群发掘简报 [J]．文物，1975(7).
② 周宁．跨越千年的守护：记新疆博物馆藏“彩绘天王踏鬼木俑”[J]．文物鉴定与鉴赏，2014(1).
③ 丝路．阿斯塔那的张雄古墓 [J]．新疆师范大学学报：社会科学版，1984(2).
④ 吴震．麴氏高昌国史索隐：从张雄夫妇墓志谈起 [J]．文物，1981(1).

1. 乌杨石阙（其中一组）

2. 象首耳卷体夔纹铜罍

3. 石犀牛

4. 商周大金面具

5. 太阳神鸟金饰

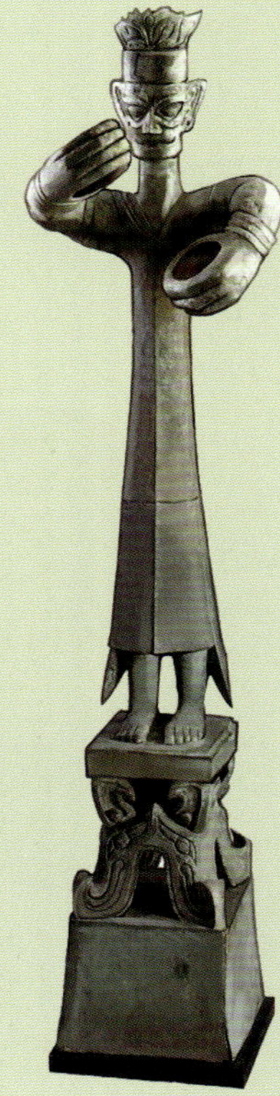

6. 青铜立人像

7. 青铜纵目面具

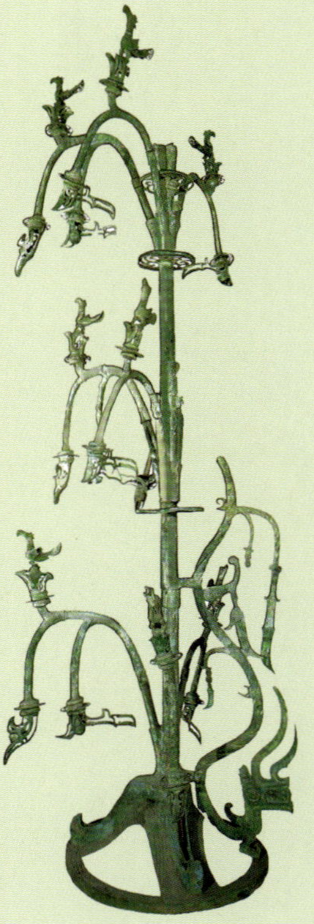

8. 青铜神树

9. 战国虎纽錞于

10. 东汉铜车马

11. 金凤冠

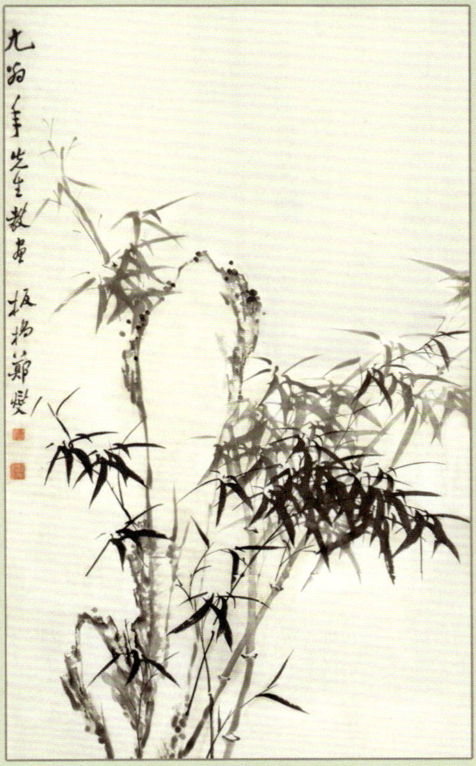

12. 郑板桥墨竹中堂

13.“尘定轩”斗彩山水人物盖碗

14.“平播报德”铜钟

15. 滇王玉衣

16. 明金镶红蓝宝石冠

18. 银鎏金镶珠金翅鸟

17. 战国牛虎铜案

19. 四牛鎏金骑士铜贮贝器

20. 布画八思巴肖像唐卡

21. 赤金走龙（其一）

22. 杜虎符

23. 葡萄花鸟纹银香囊

24. 四鸾衔绶金银平脱镜

25. 独孤信多面体煤精组印

26. 金怪兽

27. 鎏金铜蚕

28. 镶金兽首玛瑙杯

29. 鎏金舞马衔杯纹银壶

30. 秦跪射俑

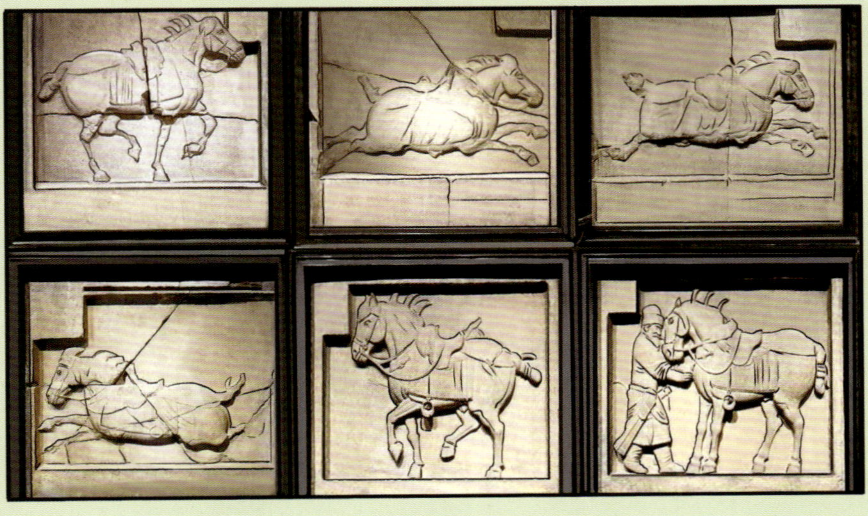

31. 昭陵六骏

32.“李勉奉进”双鱼蔓草纹银盘

33. 云纹玉高足杯

34. 何尊

35. 井姬盂鑵

36. 汉代玉辟邪

37. 盘丝座银芙蕖（其一）

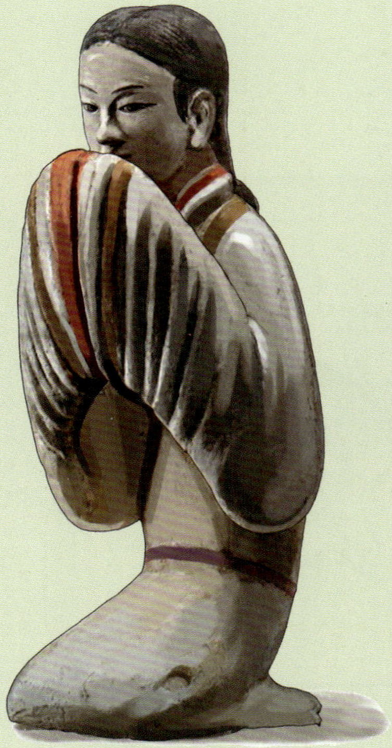
38. 塑衣式跽坐拱手俑

39. 黑釉火蒺藜

40. 铜奔马

41. 莲花形玻璃托盏

42.“驿使图”壁画砖